「臨床の知」を学ぶみなさまへ

　本書は，信州大学教育学部における臨床経験科目の学びをまとめたものです。本学部では，この「臨床の知」を教育の柱に掲げています。

　本学部を目指す受験生のみなさんや新入生のみなさんに，「なぜここを目指したの？」と聞くとさまざまな答えが返ってきますが，そこで多いのが，この「臨床の知」に共感したという声です。教育のことは教育の現場で学ぶ＝「臨床の学び」の大切さは言うまでもありません。特に教育実習で，子どもたちを前に全力で頑張っている学生の姿を見ることは，一教員としても嬉しい瞬間です。そして，教育実習から帰ってきた学生は，一回り二回りも大人になってきます。また，それまで教師を目指すことに迷っていた学生が，教育実習の学びを経て，「やはり先生になりたいです」と決意することも多いです。これも嬉しいことです。これほど現場で学ぶことは，学生にとって大きな学びとなっています。同時に，教育実習を終えた学生が多く口にするのが，「もっと学ばないとダメだ」ということです。

　授業をより良くしたり，深めたりしていくためには，臨床の場で学ぶことと同時に，学部での講義や演習が重要なことも言うまでもありません。各講義での学びは，教育の各領域において先人達が積み上げてきた知見を効率よくかつ，適切に得ることでもあります。なかには，関連学問よりも，すぐに授業で使える指導技術をもっと教えてほしいと思う人もいるかもしれません。指導技術はもちろん大事です。しかし「すぐ役に立つことは，すぐ役に立たなくなる」と言われるように，ハウツーだけでは，すぐに壁にぶつかります。こうした壁を乗り越えていくためには，臨床の学びと学部での学びを往還することが必要になります。理論と実践を行き来すること＝「理論と実践の往還」で身につける知こそ，本学部が目指す「臨床の知」です。そして，この「臨床の知」を身につけるために構築・体系化されたのが，本書で示される「臨床経験科目群」です。

　「臨床の知」の学びをはじめるみなさんに，「臨床の知」の意味や大切さとともに，お伝えしたいことが2つあります。1つ目は，「学ぶことは楽しいこと」

を実感することです。学校の先生方はさまざまなことを子どもたちに伝えます。そのなかで大事なこととして，一番は，かけがえのない命の大切さだと思いますが，その次に大事なことは，「学ぶことは楽しいこと」だと私は思っています。「学ぶことは楽しいこと」を子どもたちが実感できれば，あとは子どもたち自らが学びだすでしょう。これこそが今日の教育で大切だと言われている「主体的な学び」です。子どもたちが「学ぶことは楽しいこと」を実感するためには，それを伝えるみなさん自身が学ぶことの面白さを感じてほしいと思っています。ぜひさまざまな講義・演習を楽しみながら学んでいきましょう。

　2つ目は，「学び続けること」です。教育でよく言われることに「40年ギャップ説」があります。教育は，本来目の前のことだけでなく，教えた子たちが社会に出て活躍する20年後を見据えないといけない。しかし，教育をする人や教育を語る人たちは，20年前に児童・生徒として自分が受けた教育にとらわれてしまう。この計40年のギャップがあっては，時代の変化に対応できないのではないかという話です。みなさんはいかがでしょうか。自身が受けた教育にとらわれすぎていませんか。子どもたちの20年先のことをイメージできていますか。

　現在，社会は専門家も予測できないような事態が次々と起き，急速に変化しています。変化に対応するために大事なことは，「学び続けること」です。教師自身が学び続け，知見と技術をアップデートしていかなければいけません。もちろん，「不易と流行」と言われるように，時代が変わろうと本質的な部分の変化はありません。本質的な不易の部分を大切にしつつ，変化に柔軟に対応できるように「学び続けること」に取り組んでいきましょう。

　本書を手に取ったみなさんが，「臨床経験科目群」での講義・演習・実習を通し，「学ぶことは楽しいこと」を実感し，「学び続けること」に取り組んでいただき，「臨床の知」を我が物としてもらいたいと願っています。これこそが「臨床の知」の先に目指す「成長し続ける教師」への扉です。本書がその「成長し続ける教師」への扉を開く一助になれば幸いです。

2023 年 4 月　信州大学教育学部長　村松浩幸

まえがき

　教育のあり方は国家百年の計です。国を支えるのは国民一人一人であり，その国民は生きているかぎり成長し続け，国家のためにその知識や技能を活かして発展を支えていくことが必要です。そのためには，1年間，10年間といった期間限定ではなく，人生100年時代，一生涯を通じて学び続けられる資質・能力が大切です。いま，学校教育にはそのような力量を学び手に身につけることが求められています。まさに学校教育は国家の礎の一つであり，教師はその大きな役割を果たす要石であると言っても過言ではありません。

　では，その要石となる教師を育てるにはどのようにしたらよいでしょうか。教師の専門性は国民が学び続けることと同じように，短期的に完成されるものではありません。多様な経験に基づく長期的なスパンのなかで，単なる知識や技能を見聞きし知るだけではなく，それらを有効活用し学校現場のなかに実践的に還元できることが必要です。そのための入口に立つのが教育実習をはじめとする臨床経験科目であり，その経験から生まれる知識や技能が私たちが「臨床の知」と呼ぶものです。

　本書は，信州大学教育学部が掲げる「臨床の知」を，教育にかかわる各専門分野の観点から体系的に示した一冊です。本書を手に取ってくださった読者のなかには，信州大学教育学部の教職員や学生ではない方も多くいらっしゃることでしょう。しかし，「臨床の知」は，決して信州大学の理念だけにとどまるものではありません。教師を目指す全国各地の学生のみなさんにとって，教師になるための基盤となる知識や技能を身につけるための一助となり，教師の魅力を再確認し「教師になりたい！」という意欲を高めてくれることでしょう。

　また，現職の先生方，特に学校管理職や教育委員会の立場にある方には，教員養成の現場ではどのように教師を目指す学生たちを育てており，新たな同僚となる教師のタマゴたちがどのような経験や意気込みをもって，そして新人として赴任してきているのかを知っていただくことができるでしょう。本書では，教員養成大学に在籍する学生たちだけではなく，学校現場の先生方と学生たち

をつなぎ，新人教師への指導やコミュニケーションを円滑化する役割も果たすことができれば幸いと考えています。

　本書は，学生のみなさんの学びの過程に即して 3 部構成でつくられています。
　PART 1 では，各専門分野での教員養成にかかわる理論（メッセージ）を学校現場で実践経験を積みはじめた学生たちに向けて記しています。教育は複合的な専門性を有する学問です。教育哲学や教育経営学，教育方法学，教師教育学，教育心理学，比較教育学といった多くの観点から，「臨床の知」というキーワードのもとに学校現場で学ぶことの意義を語ることで，その学びの大切さを理解し，確固たる知識や技能として身につけてもらうことを願っています。
　PART2 では，PART 1 で学んだ理論のもとに，その臨床経験活動を通じて，教師としての基礎的・基本的な力量形成を図ります。臨床経験活動は学校で授業をするだけにとどまりません。教師は児童生徒の一挙手一投足から一瞬で的確に状況を判断し，最適な指導・支援を児童生徒に与えます。これは大学の授業だけでは学ぶことはできません。先輩教師の振る舞いやリアルな児童生徒の反応を逃さずに観察し学ぶこと，そして真似て振り返って次の課題を見つけることではじめて身につけることができます。その過程を意識的に体験するために臨床経験のあり方を解説します。
　最後の PART 3 では，大学での 4 年間の学修をまとめ，現場の即戦力として役立つために，着任前に身につけたい資質・能力を中心にみなさんへの応援メッセージを送ります。また，教師としてさらなる高みを目指すために，教職大学院への道についても紹介し，大学卒業後の教師の経験のあり方を考えていく一助になることを期待しています。

　さぁ，教師になることを目指して大学に入学してきたみなさん。みなさん自身がそれぞれに物語を編む 1 ページ目をめくりましょう。本書がみなさんの成長の一助になることを祈っています。

2023 年 4 月　森下　孟

目　次

PART 1

多角的な視点からみた「臨床の知」

PART 3
学校現場で活きる「臨床の知」

PART

1

多角的な視点からみた「臨床の知」

Chapter
1

「臨床の知」とは何か

Section 1 「臨床の知」の概要と導入の背景

　信州大学教育学部では，「臨床の知」の理念のもと，学生が自らよき教育者へと自己形成していけるよう，臨床経験科目の体系化を軸に，カリキュラム改革を行ってきました。「臨床の知」はもともと，中村雄二郎が唱えた概念で，「個々の場所や時間のなかで，対象の多義性を十分考慮に入れながら，それとの交流のなかで事象を捉える方法」（中村，1992, p. 9）と要約できます。これを教師と児童生徒とのかかわり場面に翻訳すれば，教師は児童生徒の姿を，抽象的・カテゴリー的にではなく，学校・地域・家庭など現実に彼らが生きる時間・場所のなかで，一人の個性をもつ，否，それぞれの内部でも複数の相貌をもつ固有の存在としてとらえること，そして教師も，児童生徒との相互交流のなかに身を置く当事者となること等々，を意味します。

　このような「臨床の知」が求められるようになった背景として，社会の複雑化や人権理念の浸透により，「子どもは学校に来る」「教師の権威に従う」のが当然といった諸々の前提や常識が通用しなくなったことがあります。もしも，教育の目的が限定的で，学校は外部からの影響を受けず，一律に社会化された子どもたちが対象であるのなら，最小限の専門技術とマニュアルがあれば OK で，「臨床の知」など必要ないのです。しかし，多様で日々変化する子どもたち，さらには価値的にも葛藤が伴う，不透明な状況に日々さらされる現場の教師が遭遇する課題は，もはや「手馴れた『方程式』や『公式』にあてはめれば『正解』が自動的に導き出されるような問題」（山口，2007, p. 5）ではないのです。

　こうして，とりわけ今日の学校に身を置く教師は，同僚・他の専門家・地域

でとらえどころのない」知を軽視・無視しがちな，私たちの知や知識についての観念のあり方です。そこで以下では，言葉や概念（知）に対する，私たちの思考傾向自体を吟味し，解きほぐす作業に取りかかることにします。

　知や知識と聞いて，現代に生きる私たちが即座にイメージするのは，事典や辞書（教科書）に載っているような，完成し固定化された知＝知識ではないでしょうか。私たちが知を意識的にとらえようとすると，知はどうしてもその活動文脈やプロセスから切り離され，「それ自体として固定して存在する何者か」へと還元・凝縮されることになりやすいのです。知の普及拠点とでもいうべき学校自体，現実世界（実践の文脈）から切り離された知や知識をカリキュラムとして編集し，授業でこれを効率的に伝達し，最後に，その再現の正確さをテストするという仕方で構造化されています。こうした手続きが「それ自体として存在するモノ」としての知識観にリアリティを与えているのです。私的所有を原理とする市場（著作権や特許の制度），出版物やマスメディア（クイズ番組）なども，実体化された知識イメージを強化する環境といえます。

　さらに，こうした学校（社会）的な知識観は，先に見たような近代的な知の制度・体制に支持されるものです。そこでは長らく「ありのまま」の現実を客観的にとらえるのがよいとされてきました。

　しかし，現実世界を「無垢な目」でとらえ，これを「ありのまま」再現できる，というのは幻想です。「それ自体」として存在する対象などなく，対象はすべて対象をとらえる主体との関係（かかわり）のなかで生まれたものです。私たちが何か対象をとらえ再現する場合，常に「○○として」再現するのであり，対象認識には常に実践的関心が付随しているのです。

　ただしこうした意味付与は，必ずしも意図的・意識的に行われているわけではありません。収集した情報（データ）を脳が高速で処理する（脳による構成）というイメージも正しくありません。そもそも，環境のなかに意味を見いだすのは，私たちの身体の形態や欲望，あるいは文化的に蓄積された慣習の作用かもしれません。私たちの身体や心の構造は環境と適合するよう長い時間をかけ進化してきたものです。私たちの行動は，私たちの脳が判断する以前に，対象によってアフォード（誘導）され，適切な方向へと導かれています（河野，2003）。

以上を言い換えると，知は環境に散在するさまざまな手がかり（行動をアフォードする対象物等）の力を借りながら，それらとともに作用しています。たとえば，私たちの記憶（想起）もまた，脳のメモリーがこれを掌握しているのではなく，必要課題を最小コストで実現すべく，環境資源を効果的に利用しつつ働くようデザインされています。私たちは通いなれた友だちの家に遊びに行くのに，すべての道順を記憶することも，Google Map に頼る必要もありません。歩きはじめれば，道路や景観が曲がる場所を教えてくれます（住み慣れた環境を離れると認知症が悪化するのは，記憶が環境の支援を失うからです）。

2 多様な感覚を統合して働く知

　私たちが素朴に有する知のイメージについて，別の観点から揺さぶりを入れてみましょう。私たちは知を，視覚イメージ（表象）をもとにとらえがちです。「わかった」を「見えた」と表現するのはそのよい例です。しかし私たちは，現実の対象物を，単に視覚にのみ基づいて把握しているわけではないのです。私たちは対象に触れ，嗅ぎ，聴き，見て，味わうなど，さまざまな感覚を駆使して対象・現実世界を把握しています。リアルな人間は，体温をもつし，応答があるし，臭いもあります。マルチモーダル（多元的な様相）にアプローチするからこそ，対象をリアルな存在として実感することができます。

　対象についての学習は，こうして多種多様な感覚・道具・手がかりを媒介して，対象世界に潜入し，自分のものとして同化（意味統合）していくプロセスを経て進行します。この過程は同時に自己の身体感覚，さらには道具を自己へと統合し，自己を再編していく過程でもあります（ポランニー／高橋（訳），2003）。

　複数の手がかりを統合するからこそ，いわば三角測量的に，深さや奥行きを感じ取ることができます。伊藤亜紗（2020）は，「触覚」には，「視覚」にはない人間の内部をとらえる力が備わっているといいます。

　私たちは人の体にふれるとき，確かにその内部にあるものを，その奥にあって動いている流れを感じ取っています。……たとえば向こうから走ってきた子供を抱きとめるとき。その子供が腕をすり抜けて再び走り出そうとしてい

るのか，それとも腕の中で安心したがっているのか。私たちは，子供の中に
ある意思の動きを，その体にふれることによって，感じ取ることができます。

（伊藤，2020, p. 76）

　教師にとっても，子どもの気持ちを読み取るのにどのような資源を利用して
いるか，どれだけ相互作用を繰り返しているか，それが重要になります。ベテ
ラン教師と新任教師は，単にそれまでに蓄積されてきた知識や経験の量が違う
というだけではありません。当該状況のなかで働いている感覚や，活用可能な
環境資源の質や量が大きく異なっています。新米の教師は表に現れた行動に注
意を奪われ，言葉を使って直接行動を修正させようとしがちですが，ベテラン
教師は，子どもの表情，佇まい，何気ない一言から，行動の理由や背景を感じ
取りながら，望ましい行動を支えアフォードする環境（足場）をつくり，自ら
の行動（結果）に注意を促す言葉がけなどをして，子どもが自己への洞察を深
めつつ，自らその行動を変容させていく，その下支えになろうとするでしょう。

🄷 言葉や概念は「道具」である

　知が多種多様なネットワークをなして生きて働くものであるとすれば，いわ
ゆる固定化された知識や言葉（概念）について，どのように考えればよいのか。
それはもはや「知の化石・残骸」にすぎないものなのか。

　ここで提案したいのは，知識や概念を，「それ自体に価値があるもの」「真実
や対象に付与されたラベル」としてではなく，「特定の状況のなかで活用する」
ことで意味をもつ「道具」のような存在としてとらえる方法です。絶えず流動
する現実の海の中で，安全な航海を実現するための海図と羅針盤のような存在
としてイメージすればわかりやすいのではないでしょうか。

　ただし，ここで「道具」という言葉について注意すべき点が2つあります。
一つは，生きて働くことに道具の意味が備わっているのであって，道具という
存在（モノ）自体に価値が備わっているわけではない，という点です。逆に言
うと，ハンマーや金槌など，いわゆる道具として認定された道具だけが道具な
のではないのです。目の前にある石ころであれ，木の枝であれ，私たちの必要
に応じて力を貸してくれたならば，その存在物はその瞬間，道具として働いた

といってよいです。「臨床の知」に求められるのは，周囲にとっさにさまざまな資源を見いだし，効果的に組み合わせて活用する力ではないでしょうか。

　道具という言葉（道具）を使用する際のもう一つの注意点は，この言葉が目的＝手段図式を呼び覚まし，あたかも人間が完全に自己決定する主体であるかに見せかける効果がある点です。私たちはここで，人間と道具の関係は以下のごとく込み入ったものであることを踏まえておく必要があります。すなわち，確かに道具を創造したのも，使用するのも人間です。しかし，同時に人間（そして社会）は道具によって影響を被る存在でもあります。そもそも火を使えない時代の人間が，焼いた肉を食べたいと思うでしょうか。

　言葉や概念などの道具もまた，私たちがなにがしかの欲望をもち，思考を行う以前に，私たちにとっての可能世界を変容させています。とりわけ概念としての言葉は，私たちがそれを通して世界を区別し価値づける「認識枠組み」として作用しています。私たちはこうした言葉の力を借りながら，世界を実践的に把握し，気づいたときにはすでに行動を開始しています。しかも私たちには，そうした道具を状況に合わせて自在に組み合わせながら，さらにはそのデザインに修正を加えながら，創造的に活用（思考）しています。そういう意味では言葉や概念などの道具は，私たちがそれを意識する以前に，生きて働いているといえるのではないでしょうか。理論（思考・言葉）上の営みだから実践とは関係ない，ということでは必ずしもないのです。

　現実世界の課題を見抜き，構造や本質をとらえる認識「枠組み」としての道具＝理論を，実践のなかで活用し，応答を得ながらこれを修正・洗練させていくこと（理論と実践の往還）は，より効果的な実践を達成するためにも，重要な営みといえます。

4 「道具」の特性を見極める

　言葉を道具として，さらには道具を「ヒトと世界の関係を構造化する存在物（メディア）」として見ることで，近代の知について，その特徴を別の角度からとらえることができます。すなわち近代の知は，私たちが使用する「道具（言葉）」の性質自体をも大きく変容させているのです。

　ここで思い起こされるのは，言葉はもともと「思考」のための道具というよ

り，コミュニケーションを媒介する道具であり，ジェスチャーのような実在物（情報の形式が情報の内容を体現する icon 的記号）に派生するものだという点です（ミード／山本（訳），2021）。コミュニケーションは，相互作用的な行為であり，そこで使用される言葉には，状況の定義を変え他者を動かす「力」が備わっています。言葉は，人間が保持する「思考（内容）」を「正確に伝達するための道具」であるといった観念が広がり，また，そうであることがこれほど強く求められるようになったのは，近代に入ってからなのです。

　言葉という道具（メディア）の奥深さは，類似や転移（類推）など意味の創造作用にも見ることができます。あるなじみ深い領域での経験（空間経験等）を別の領域に転移する（何かを何かになぞらえる）ことで，そのままでは思考困難な世界を思考可能にします。人間の「心」について空間イメージを転用することで，「心が広い」といったように，他者の心が想像・実感可能になります。もちろん，このような類似に頼る思考は科学的とは言えませんが，私たちの言葉の多くは，こうした比喩的な表現に満ちており，そのおかげで私たちは世界を深く豊かに感じ取ることができるのです（鈴木，2020）。

　中村（1992）は，対立や矛盾を通し，受動，受苦，痛みなど人間の弱さ（人間の内奥・生命的無意識の流れ）にふれるパトスの知こそが，ヒトと世界のいきいきとした交流には不可欠だと考えます。こうして彼は，直接は知覚できない，人間の潜在性を感じ取る文化の仕掛けについての研究も行っています。たとえば演劇は，可能的な人間を表現し，世界を重層的に描き出すことで，隠された現実，深層の現実を露わにする仕掛けに満ちている，というように。

Section 4 「臨床の知」で開かれた学校づくりを

　本稿の出発は，科学・技術の暴走への懸念からでしたが，科学の知も私たちの切実な要求に由来する道具であり，信頼性・確実性・汎用性の高い，とびっきりの道具であるともいえます。今日の社会を生きるうえで，専門的な知識や技術は不可欠です。ただし，こうした科学的な知は，専門分化した特定の学問領域，あるいは実験室など複雑な現実から切り離された特殊な環境で生まれたものです。「同じ条件のもとでは誰が行っても同じ結果が得られること（信頼

性の高さ）」が科学的な知の強みですが，複雑な現場で，未知の複合的課題への対応を迫られる実践家にとって，こうした知（道具）を保持していれば，それで必要十分というわけにはいきません。専門家（教育）を取り囲む状況はますます複雑さを増してきているから，なおさらです。

　医療の営みは病院・医学の知・技術といった専門的な制度のなかで完結するものではなく，学校は子どもを目的どおりの製品に加工する教育工場ではありません。聞きなれた批判ですが，いまこそ真剣に受け止める必要があります。組織や制度に問題があるというだけでなく，そのなかで活動する私たち自身，知らず知らずのうちに制度化された環境を前提として振る舞うことに馴染んでしまっています。学校では，一人一人の状態の診断は行わず，誰もが同じように知識化されていることを前提に開始されます。できの悪さは，本人のやる気（能力）のせいとされ，しかも学校では「やる気の有無」も教育の対象です。問題行動も，子ども本人の困り感からではなく，学校運営にとっての不都合から生み出され，運営に支障がないよう処理されます。こうやって学校それ自体の矛盾は，学校内部でトートロジカルに解決されます。

　「臨床の知」は，制度の外側へと開かれた知，制度化された手続きでは拾いきれない声を聴き取り，応答しようとする知です。生きて働くとは，閉じないこと，固定・停止しないこと。常識や自明性から解放されることで，潜在する他者への感度も高まります。「正解」や「最適化」は切り離された枠の中にのみ存在するもので，誰かが「正解」を与えてくれるのを待つという姿勢は，生きた探求・探究の終わりを意味します。

　「臨床の知」の妥当性は，実際の働きのなかで，対象からフィードバックを得るという絶えざるプロセスのなかで担保されます。否定（反証可能性）に開かれていることが，妥当性を担保するという構造は，科学と同じです。

　病理とは，平均や正常値からはずれていることでも，規範が失われた状態でもありません。むしろ，規範が柔軟性を欠いて，変異（環境変化）を許容する力を失った状態のことです（河野，2007）。人間（子ども）を杓子定規な型にあてはめ，想定外の現実を受け止めることから逃走し，負のフィードバックを停止させ，生きたシステムを破壊することにこそ危険が宿っているのです。

（越智康詞）

①突如子どもの「成績」が下がりはじめたとします。何か理由があるの
かもしれません。その背景として考えられるさまざまな事情について,
話し合ってみましょう。

②私たちは,言葉（カテゴリー）を通して,現実を見ています。複雑な
現実を,このようにカテゴリー（牛・馬,男・女など）を通してとら
えることのメリットとデメリットについて話し合ってみましょう。

❓ さらに深めるには

● モリス・バーマン／柴田元幸（訳）（2019）『デカルトからベイトソンへ：世界
の再魔術化』 文藝春秋

　　ベイトソンに依拠しながら,近代知の問題を鋭く描いた著書で,中村雄二郎
論の『臨床の知』と共鳴する内容です。生態系やシステムの一部にすぎない人間・
理性が,世界を支配・制御することの危険が手に取るように見えてきます。

● スティーブン・ピンカー／椋田直子（訳）（2013）『心の仕組み（上・下）』 ちく
ま学芸文庫

　　ピンカーは進化心理学的な視点ももちながら,理性批判の行きすぎを懸念し,
理性（科学的概念や方法）の大切さを唱えています。『21 世紀の啓蒙（上・下）』
（橘明美・坂田雪子（訳） 草思社,2019 年）などの著書もあわせて読むとよい
でしょう。世界をカテゴリー的に分割し,物事を二項対立的にとらえてしまう
のも,人間の思考に潜む危険な傾向です。

Chapter 2

教師が学ぶとは

Section 1 教師は何を学ぶのか：教師の知識についての３つの概念

　教師は，何を，どのように学ぶのでしょうか。教師の学び（teacher learning）に関する研究においてしばしば言及されるのが，コクラン-スミスとライトル（Cochran-Smith & Lytle, 1999）による，教師の知識についての３つの概念をめぐる議論です[1]。彼女たちは，教師とは——あるいは「良い教師」とは——どのようなことを知っている人なのか（どのような知識を学んだ人なのか），という問いを通して，教師の学びを考えたといえます。

　そこで本章では，教師にとっての「臨床の知」の学びという本書の鍵概念を，教師の知識の学び，と置き換えて考えを進めます。そして，コクラン-スミスとライトルの議論をはじめとする，示唆に富むいくつかの視点をもとに，教師の知識とはどのようなものなのかについて検討を試みたいと思います。そうすることを通して，教師の学びについてみなさんと一緒に考えを深めていきたいと思います。

Section 2 実践のための知識と実践における知識

　さて，それでは，コクラン-スミスとライトルが論じた，教師の知識についての３つの概念を，一つずつ見ていきます。

◆1　コクラン-スミスとライトルに言及している研究として，たとえばファイマン-ネムザー（Feiman-Nemser, 2008, pp. 698-699）などがある。

1つ目は，実践のための知識（knowledge-*for*-practice）です（Cochran-Smith & Lytle, 1999, pp. 253-254 強調原文）。あえて単純化した言い方をすると，一般的な理論や，何かしらの研究・調査の成果として蓄積された知見，という意味での知識概念です。理論知だとか，命題知だとかといった言い方をされることもあります。命題知とは，「AはBである」という文のかたちで言い表せる知識，という意味です。たとえば，「地球は丸い」であるだとか，「体罰は禁じられている」だとかいった具合です。こうした種類の知識は，教師の実践にとって不可欠であることは明白です。ただ，これだけが教師にとって必要な知識かというと，そうとは言い切れません。どうしてか。2つ目の知識概念に話を進めましょう。

　2つ目は，実践における知識（knowledge-*in*-practice）です（Cochran-Smith & Lytle, 1999, p. 262 強調原文）。これは教師として実際に活動するなかで育まれる知識を示す概念です。教師が試行錯誤しながら気づいたり，身につけていったりする種類の知識といえます。方法知や技術知という呼び方をする人もいます。自転車に乗るという実践を例にしてみましょう。自転車の構造や，ブレーキやペダルといった部位の機能，あるいは交通ルールについてどれほど熟知していたとしても，それだけで自転車に乗れるようになるわけではありません。やはり，実際に自転車にまたがって，自分で（ときに膝小僧をすりむいたりもしながら）身体でコツをつかんでいく，ということが必要になります。このようにしてつかんだ感覚や経験則は，必ずしも「AはBである」といった命題としては示すことはできないけれども，しかしながら体得した人にとっては，確かに「知っている」といえる知識です。補助輪をはずして自転車に乗れるようになった子どもに，「自転車の乗り方，知ってる？」と聞けば，きっと，「知ってるよ！」と嬉々として答えることでしょう。

◆2　明文化が困難な知識，という意味で，暗黙知と呼ばれることもある。
　それは，言葉に置き換えることが不可能なほど不合理な思い込み，というネガティブな意味合いではなく，むしろその逆に，「わたしたちは語るよりも多くのことを知ることができる（*we can know more than we can tell*）」という指摘である（Polanyi, 1966, p. 4 ／佐藤（訳）1980, p. 15 強調原文 [原文挿入引用者。訳文は引用者が一部改変した]）。ゆえに後述するように，それが暗黙知なのか，単なる不明瞭な思い込みなのかが問われることにもなる。

実践における知識の特色は，知る人（the knower）と，知られる事柄（the known）との間が密接に結びついていることです。実践のための知識においては，「自転車の構造と機能は詳しく知っているけれど，実際のところ，私は実物をじかに見たこともなければ，自転車に乗れもしないのです」といった，知る人と知られる事柄との乖離・分離が起こる余地があります。それとは対照的に，実践における知識については，こうしたことは原理的に起こり得ないといえます。こうした密接性が，実際性（現実の状況に即した知識であること），即応性（いまこの時に必要な知識であること），臨場性（この場に適した知識であること）といった特質を構成すると考えられます（Cochran-Smith & Lytle, 1999, pp. 264-265）。

　こうした知識が教師にとって重要であることは，論を待たないといってよいでしょう。しかしながら知る人と知られる事柄との密接性がもつ裏の面が指摘されることもあります。それは，知識が断片的になったり，迷信的になったり，という危険性にどう対処するか，という問題が残されることです（Leinhardt, 1990, p. 18）。

　実践のための知識との対比からこの問題について考えてみましょう。一般的に，体系性や論理性を前提とする実践のための知識は，「いつでも，どこでも，誰にでも」あてはまる理論を重視します。こうした知識は，いわゆる科学的探究には不可欠ですが，これだけでは日常的な現実問題に即しきれないところもあります。たとえば自転車の練習をしている子どもに「ハンドルをにぎって，サドルに腰かけて，倒れないようにしてペダルをこぐように」というアドバイスをすることは，確かに自転車の乗り方としては「いつでも，どこでも，誰にでも」あてはまる「正しい」助言ではあるのかもしれませんが，その実，そのようにできないからこそその子は苦戦しているわけで，そういった意味ではほとんど役に立たないアドバイスであるともいえます。

　良い助言者は，その子どもの様子や性格に応じて，「1回や2回，倒れてもいいや，ってくらいに考えて，思い切って前に進んでみて」というときもあれば，それとは対照的に「倒れないようにサドルの後ろを支えていてあげるから，安心して，まずはゆっくりペダルをこいでみて」と声をかけるときもあります。はたまた場合によっては，「いったん自転車おりて，休もうか。何か飲む？」と，

練習を中断する言葉をかけることで，かえってその子の練習を助ける，といった，人情の機微も知っていることでしょう。そうした，その時，その場，その人に即した知恵を示せるのが実践における知識の強みです。

　しかしそれは裏を返すと，その時に，その場で，その子との間に起きた出来事を支えた知識は，別の日，別の学校，別の子どもに向き合ううえで，支えになるかもしれないし，ならないかもしれない，ということでもあります。どうなるかは前もってはわからないわけです。以前に受けもっていたクラスではこの方法でうまくいったから，今回も同じようにうまくいくはずだ，と思い込んでしまったとたんに，実践における知識は頑迷な思い込みに変わってしまう危険性があるといえます。

　それでは，実体験を通して学んだ知識は，その場かぎりのものでしかあり得ないのでしょうか。多くの人は「いや，そんなことはない」と答えると思います。「確かに過去の経験にしがみついて，それに凝り固まってしまっているような人に心あたりはあるけれど，一方で，長年の経験から滲み出た，すぐれた知恵をもっている人にも出会ってきた」と。実際の，実践の経験から生み出された知識であると同時に，単に「その時の，その場の，その人たちとの実践」にとどまらない知識，とでもいうようなものがあるように感じます。この感覚は，コクラン-スミスとライトルによる，3つ目の知識概念につながります◆3。

Section 3 実践としての知識

　コクラン-スミスとライトルは3つ目の知識概念を，実践としての知識

◆3　1つ目と2つ目の知識概念に類することについては，コクラン−スミスとライトルの著作の以前から，少なからず語られてきた。さかのぼれば古代ギリシャの哲学者アリストテレスの著作にもこうした発想の源流の一つを認めることができる（アリストテレス／出 隆（訳）1959, pp. 22-24）。とりわけ，英国の哲学者ライルが，内容知（knowing-that）と方法知（knowing-how）という区分けを提示したことはよく知られている(Ryle, pp. 27-28／坂本他(訳)1987, p. 27)。こうした点から，コクラン−スミスとライトルの議論の独自性のカギは，次節で取り上げる，3つ目の知識概念にあるといえる。なお，教育における知識概念についての議論（知識論）の変遷については，生田（1998; 2021）が詳しく論じている。また，ウィリアムズとスタンディッシュは，コクラン−スミスとライトルとは別の観点から，3つ目の知識概念を論じている（Williams & Standish, 2015）。この観点に関しては，筆者は別の場所（高柳，2020）で論じたことがあるため，ここでは割愛したい。

（knowledge-of-practice）と呼びます（Cochran-Smith & Lytle, 1999, p. 272 強調原文）。結論的なことを先取りして述べておきますと，これは文字どおり，知識を（静的な個体・実体としてではなく）一つの実践として動的にとらえる考え方です。なぜ知識が実践なのでしょうか。それは，知識には，知っていること自体（さらには知るという営みそのもの）を問い直す働きが含まれていると考えられるからです。

　この3つ目の知識概念において，知識はそれを知る人と密接な関係にあることが重視されます。その点は2つ目の知識概念と共通しています。それでは，何が2つ目と3つ目を分けるのでしょうか。それは，2つ目では知識の生成（knowledge generation）——知識が生み出され，かたちづくられること——と，知識の使用（knowledge use）——つくられた知識を用いること，適用すること——との区別が自明視されているのに対し，3つ目ではその区別自体が問い直されている点にあります。先に述べた，自前の経験則に凝り固まった人の例を思い浮かべてみてください。クラスを担任した過去の経験でつくられた知識を，新たに担任するクラスでもそのまま使おうとしたところに危うさが感じられました。一方，3つ目の知識概念は，知識が生み出される実践と，それを使う実践とが，はっきりと切り分けられているものではないことを示唆しています。コクラン–スミスとライトルは，次のように述べます。教師の知識は，その教師の実践の文脈でかたちづくられるものである。ただしその知識は，ある場面においてどのように振る舞うべきかの見識である以上に，そもそもそのような場面をどのような文脈においてとらえることができるのか，といった思考・解釈の枠組みを形成するものでもある（Cochran-Smith & Lytle, 1999, pp. 272-273），と。そうだとすると，新たな知識が生み出されることは，それを用いようとする実践自体が新たにとらえ直されることでもある，と考えられます。言い換えると，3つ目の知識概念は，「この場面にはこのテクニックを使っていればよい」といった具合に教師の発想や振る舞いを硬直化させるものではなく，むしろ目の前に起こる出来事をできるだけ広い視野と自由な構えでもって受け止めることを支え，励ますものであるといえます。経験を積んだ優れた教師に頼もしさを感じるのは，過去の経験にしがみついているからではなく，過去の経験を引き受けつつ，新たな変化に胸をはって，しかし肩の力を抜いて挑もう

としているからではないでしょうか。その教師が仕事に向き合う際には，過去の知識をそのまま用いるでもなく，また自分の経験だけにこだわるでもなく，必要に応じて自らの経験に立ち戻りつつ，そして時に多様な視点から検討を加えつつ，知識を練り直していくことでしょう。

　ここに至り，教師の知識と教師の学びとを重ねて考えてみたいと思います。3つ目の知識概念に立脚した教師の学びとは，「教室が騒がしくなったときには，きつく叱ると静かになる」といったような，表層的な経験則の獲得ではありません。そうではなく，騒いでいるように見える児童生徒を前にして，「いま，ここで，本当のところ何が起こっているのか」を感じ取ろうとする感覚の精緻化，言い換えると，解釈の深まりを助ける枠組みをかたちづくることといえます。（そのように精緻化された感覚でもって子どもたちの状況を感じ取ったうえで「ここは言いづらいこともはっきり伝えるべきだ」と思い，いつもとは違ったトーンでもって子どもに語りかけるか，それともそうしたことはまったくおかまいなしに，条件反射的に「うるさい！」と声を荒げるか。この違いは大きいといえるでしょう。）

　そうした学びの過程は，目の前の児童生徒との，その時，その場で生起する出来事に根ざしながらも，その子たちのいる教室の中だけで終始することにはなりません。教師は，その子たちとの生活や，自らの取り組みを，より広い文脈において，すなわち広範な知的・社会的文脈とのかかわりのなかで，位置づけ直すことが必要になります。広くて多様な文脈のなかには，自分以外の教師の実践も含まれるでしょうし，研究者の議論も含まれるでしょう。さらには，学校教育とは直接的にはかかわりがないように思われる，さまざまな知的・社会的な取り組みも視野に入ってくるでしょう。

　こうした学びにおいては，知識の生成と使用とを隔てていた壁は，突き崩されることになります。それは，知識を使うことは（新たな実践の文脈との相互交流において）知識をつくりなおすことであり，知識が生み出されることは，知識の使用の仕方（すなわちその知識が生起した実践を受け止める枠組み，その実践へのかかわり方）が変わることである，という関係性が芽生えるからです。そして，こうした関係性を体現するところに，実践としての知識の核心があるといえます。このように，実践としての知識は，知識をつくりなおすとい

う実践を示していると考えられます。

　そのように考えるとき，実践としての知識は，新人の教師と，ベテランの教師とを，教師の学びにおいて，共通の地平のうえに立たせるものである，といえます（Cochran-Smith & Lytle, 1999, p.273）。新人よりベテランのほうが常に優れている，という発想においては，ベテランは過去の新人の時代に，必要な知識をつくり，その後はその知識を使って仕事ができるのだ，という知識の作製-使用の二分法が前提とされています。それとは逆に，実践としての知識が示すのは，教師の知識とは職業人生全体を通して生成され，また，つくりなおされ続けるものである，という教師の学びのビジョンであるといえます。

　コクラン-スミスとライトルは，実践としての知識が，他の2つの知識概念と根本的に違うのは，実践は実践以上のものである（practice is more than practice），という考えに基づいている点にあると述べます（Cochran-Smith & Lytle, 1999, p.274）。実践には，そこで行われているように見えること，という表層の事柄のみならず，さまざまな奥行きや深まりが，その背後なり内奥なりに，時に積年の課題として，時に研究を要する問題圏として，あるいは未来への予兆として，広がっているということなのだと思います——見る側にそれを感じ取る枠組みがかたちづくられてさえいれば。

Section 4　教師の学びを助けるもの

　では，どうしたら教師は，知られる事柄との乖離（「知ってはいるけど，まったく身になっていない」お勉強）に陥るでもなく，自分の限られた経験則への囚われ（「私はこのやり方でやってきた。これが正しいに決まっている」との思い込み）に陥るでもなく，実践としての知識の学び（実践することが知識をつくり変えることになり，新たな知識を生み出すことが実践そのものをつくり変えることになるような学び）に向き合い続けることができるのでしょうか。

　ここでヒントとなるのが，パトナムとボルコによる議論（Putnam & Borko, 2014）です。2人は，1990年代以降，教育や学びが論じられる際，新しい学習観がさかんに取り上げられるようになってきたことに注意を向けます。ここでいう新しい学習観とは，レイヴとウェンガーが提唱する，いわゆる「状況に埋

め込まれた学習」（Lave & Wenger, 1991）という観点に示唆を得た学びの見方と考えてよいでしょう。今日の学習理論の根幹をなすこの見方——パトナムとボルコはそれを状況的観点と呼びます——について詳しく述べることは本章の分をこえるため深くは立ち入りません。さしあたりここでは，パトナムとボルコが，状況的観点をどのように概観しているかを確認することにとどめておきたいと思います。2人は，状況的観点の核心には，「認知は特定の物質的・社会的文脈に埋め込まれたものである」という考えがある，と述べています（Putnam & Borko, 2014, p. 4）。2人の指摘をもう少しくだけたかたちで言い換えると，人が何かを学ぶということは，その人が置かれたその状況において何かを学び取るということである，という考え方です。

　ここでいう状況は，物質的（肉体的）な事柄にとどまりません。自転車に乗ることを学ぶには，自転車に乗れるだけの肉体的条件を備えた人の前に，自転車という物質があるだけでは十分でありません。そこには社会的・文化的な文脈が介在していなければなりません。自転車に乗る人が誰もいないばかりか，自転車についての情報もまったくない，という社会で育った人の目の前に自転車があったとしても，その人が自転車の乗り方を学ぶことはきわめて想像しづらいといえます。その人の目に映るのは，乗るべき自転車ではなく，不思議な鉄のかたまりでしょうから。

　こうした状況的観点は，一見したところ，「大学で学んだ知識や，読書を通して得た知識は，現実の状況に埋め込まれていないから，意味がない」といった主張を裏づけるように思えるかもしれません。ところが，パトナムとボルコは，状況的観点が示唆するのはまったく逆のことだ，と述べます。状況的観点が含意するのは，すべての知識は状況に埋め込まれているということである，と（Putnam & Borko, 2014, p. 6）。そうだとすれば，問うべきは「どの知識が状況に埋め込まれたもので，どの知識がそうでないか」ではなく，「この知識は，どのような状況・社会的文脈に埋め込まれたものであるのか」であるといえます（Putnam & Borko, 2014, p. 6）。

　ここまで確認すると，3つの知識概念それぞれの学びの様相が，より明瞭になってくると思います。実践のための知識は，いわば体系的・論理的研究という文脈に埋め込まれて学ばれたものと考えられます。実践における知識は，そ

の時の，その教室で，その児童生徒と共有していた文脈から学び取られたものでしょう。すると実践としての知識は，その時，その場，その子どもとの文脈から浮かびあがった気づきを，より広い社会的・文化的文脈に位置づけなおすなかで学び取られたものと考えられるでしょう。実際，パトナムとボルコは，教師が新しい思考をするには，それまでとは別の環境で学んでみることが重要であると提起しています（Putnam & Borko, 2014, p. 6）。

　自分の経験に根ざしつつ，それを新しい文脈へと開いていくこと。これまでの議論から浮かびあがってきた教師の学びは，このように表現できると思います。

5 専門職として才能を開花させて生きる

　本章の最後に考えたいのは，そうした教師の学びは，どのように進められていくものなのか，ということです。そうした関心のもと，一人の創作家のエピソードを取り上げたいと思います。「マンガの神様」と呼ばれる，手塚治虫のお話です。

　『鉄腕アトム』『ジャングル大帝』『火の鳥』等々，数々の名作を生み出した手塚は，幼い頃から熱心にマンガを描きます。その一方，旧制中学を卒業後，医学専門部へ進学し，医師になるトレーニングを受けます。在学中から手塚は，すでにマンガ家としてデビューをはたし，創作活動を続けます。[4]伴俊男・手塚プロダクションによれば，学業とマンガ家業のほか，演劇にも打ち込み，さらに落語やピアノにも夢中になったようです（図 2-1）。手塚の生涯を描いた伴俊男・手塚プロダクションの作品には，「僕はいろんなものを一応つっついてみた」「その体験は無駄ではなく　みんな漫画に役立っている！」と語る手塚の声が記されています（図 2-2）。

　マンガやアニメの歴史のみならず，戦後の日本の文化史に金字塔を打ち建てたとすらいえる手塚が，若き日の，いわば修行時代を振り返り，マンガ家としての自分に役立っていることとして，執筆に直接関係するような種類の技術の

◆ 4　手塚の生涯については，後述の伴俊男・手塚プロダクション（1992）のほか，竹内（2008），手塚（1997），夏目（1998），二階堂（2016），宮崎・吉本（2011-2014）を参照した。

図 3-1　キャリアから連想する言葉

で行ってみても同様の傾向にあり，必ず中央に大きく表示されるのは仕事です。

　この結果を見ると，「キャリア」という言葉からは仕事や職業を連想する人が多いことがわかります。それでは，「キャリア」とはどのような意味なのでしょうか。2011年に文部科学省が発行した『キャリア教育の手引き』には，キャリアとは「個々人が生涯にわたって遂行するさまざまな立場や役割の連鎖及びその過程における自己と働くこととの関係付けや価値付けの累積」（p. 15）と記されています。この定義のもととなっているのはアメリカの職業心理学者でありキャリア理論の第一人者でもあるスーパー（Super, D. E.）の定義です。スーパーは，「キャリアとは生涯過程を通して，ある人によって演じられる諸役割の組み合わせと連続」であると述べています。両方の定義に共通して出てくるのが「役割」という単語です。では，この役割の意味について，スーパーの理論から紐解いていきましょう。

Section 2　スーパーのキャリア理論とキャリアの定義

　スーパーは，人には人生を送るうえで8つの役割（ライフ・ロール）があり，その時々の重要性に応じて複数の役割を果たしていくと考えました。その8つの役割とは，次のとおりです。

①子ども
②学生
③余暇人
④市民
⑤労働者
⑥配偶者（妻・夫）
⑦家庭人
⑧親

　たとえば，大学生のみなさんは，①子どもや②学生の役割が生活の大半を占めていると思いますが，同時に好きなことを楽しむ③余暇人でもあり，アルバイトをしている人は⑤労働者の役割も同時に果たしているといえます。大学を卒業し，働きはじめると，⑤労働者としての比重が大きくなり，結婚をすれば

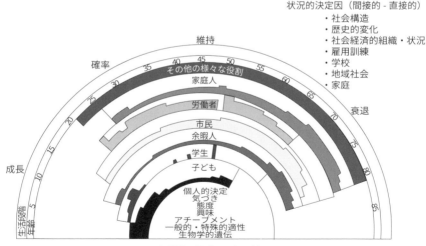

―ある男のライフ・キャリア―

「22歳で大学を卒業し，すぐに就職。26歳で結婚して，27歳で1児の父親となる。47歳の時に1年間社外研修。57歳で両親を失い，67歳で退職。78歳の時妻を失い81歳で生涯を終えた。」D.E.スーパーはこのようなライフ・キャリアを概念図化した。

出典　文部省「中学校・高等学校進路指導資料第1分冊」平成4年

図3-2　スーパーのライフ・キャリア・レインボー（文部科学省，2011, p. 35）

⑥配偶者や⑦家庭人の役割の比重も増してくるでしょう。このように，その役割に費やす時間やエネルギーは個人のライフステージによって異なりますが，人は人生を送るうえで，必ず複数の役割を同時に果たしています。スーパーは，そのように複数の役割が比重を変えながら発達し変化していく様子をライフ・キャリア・レインボー（図3-2）に表しました。

さて，このようにスーパーのキャリア理論をとらえたうえで，改めてキャリアの定義を確認してみましょう。就業や職業に関するワードが多く連想されるキャリアという言葉ですが，その対象は職業だけではなく，人が誕生してから老年に至るまで，つまり生涯全体をとらえた言葉であることがわかると思います。つまり，職業生活だけではなく，学校生活，家庭生活，市民生活も含まれます。生活を営むための家事や無報酬のボランティア活動，人生を豊かにする趣味の時間などもキャリア形成の重要な要素となるのです。よって，「キャリア教育」も将来の職業について考えるだけの教育ではありません。中央教育審議（2011）の「今後の学校におけるキャリア教育・職業教育の在り方について（答申）」では，キャリア教育を「一人一人の社会的・職業的自立に向け，必要な基盤となる能力や態度を育てることを通して，キャリア発達を促す教育」であると定義しています。職業的自立だけでなく社会的自立という側面も意識することが必要です。

Section 3 キャリア発達の諸段階と発達課題

スーパーは，人の生涯は，成長段階（0歳〜14歳），探索段階（15歳〜24歳），確立段階（25歳〜44歳），維持段階（45歳〜64歳），解放段階（65歳以降）の5段階に分けられるとしています（表3-1）。そして，各段階における発達的課題を達成していくことによって，次の段階の発達的課題達成の基礎が築かれ，逆に達成を避け達成せずに放置をすることは，以降の課題達成を困難にするとしました。また，このような，「成長→探索→確立→維持→解放」といったキャリア発達の一連のサイクルをマキシサイクルと呼び，進学や就職や定年などの変化のたびに新たなミニサイクルが生まれ，大きなマキシサイクルのなかで，小さなミニサイクル「新成長→新探索→新確立→新維持→新解放」が螺

表 3-1　スーパーのキャリア発達の諸段階

第1期：成長段階	0歳〜14歳	自分の興味・関心や能力について探求を行う時期。仕事に関する空想，欲求が高まり，職業世界への関心を寄せる時期。
第2期：探索段階	15歳〜24歳	いろいろな分野の仕事があること，そのための必要条件を知り，自分の興味関心から徐々に特定の仕事に絞り込んでいき，訓練を受けその仕事に就く時期。
第3期：確立段階	25歳〜44歳	特定の仕事に定着し，その仕事を通して責任を果たし，生産的に活動し，職業的専門性を高め，昇進していく時期。
第4期：維持段階	45歳〜64歳	確立した地位を維持・発展させ，若い世代に負けないよう，さらに新たな知識やスキルを身につけその役割と責任を果たす時期。
第5期：解放段階	65歳以降	少しずつ有給の仕事から離脱し，地域活動，趣味・余暇活動を楽しみ，家族との時間を過ごしながら，新たなライフスタイルを形成する時期。

旋状に繰り返され，キャリアが発達していくと述べています。

　さて，あなたはいまどの段階に該当するでしょうか。そこでは，どのようなことが発達課題とされていますか。多くの人が学生時代を過ごす 20 歳前後は探索段階にあたります。この時期の発達課題は，さまざまな分野の仕事について情報収集し，自身の興味関心から特定の分野に絞り込み，その仕事に就くための訓練を受けることとされています。教育学部では教育実習をはじめさまざまな臨床経験を積むことになりますが，それらは探索段階の発達課題を達成するための有益な機会となります。

　また，レビンソン（Levinson, D. J.）もスーパーと同じように，人の生涯を発達段階に分けてとらえ，安定期と各段階の境目の 5 年間の過渡期を繰り返し

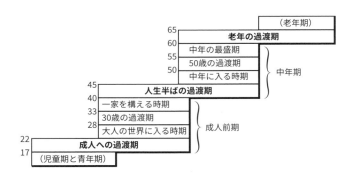

図 3-3　レビンソンの発達段階（Levinson, 1992）

ながらキャリア発達すると考えました（図3-3）。たとえば，17歳から22歳は成人への過渡期，40歳から45歳は人生半ばの過渡期，60歳から65歳は老年の過渡期となります。過渡期は，安定期に比べると先行きが不透明で不安定な時期となりますが，だからこそ，ここでいったん立ち止まり自己を見つめ直し，自分のキャリアを質的に新しく発展させる自己再生（self-renewal）のための良い機会とされています。先述したスーパーの探索段階(15歳〜24歳)は，ちょうど成人への過渡期（17歳〜22歳）に相当します。よって，不透明で不安定な過渡期に，臨床経験をはじめとする試行錯誤を伴う多様な機会を通じて，自分と深く対峙することは，この時期の発達課題の達成にもつながっていくのです。

転機（トラジション）とキャリア形成

　人生にはさまざまな転機（トラジション）があります。進学，就職，結婚などのライフイベントだけでなく，部活動の大会で優勝したこと，友だちに誘われてボランティア活動をはじめたこと，大親友と大喧嘩したこと，家族が病気で入院したことなど，日常生活のなかで偶発的に起きた出来事が，自分の価値観や活動選択に影響を与えることがあります。この転機に着目してキャリア学説を唱えた人物を2人紹介します。

1 イベント型とノンイベント型の転機

　アメリカのキャリアカウンセリングの理論家であり実践家でもあるシュロスバーグ（Schlossberg, N. K.）は，人生はさまざまな転機の連続によって成り立っているとし，その転機を乗り越えることによってキャリア発達するとしました。そして，転機となりうる出来事について，イベント型とノンイベント型に区別し3つの要素を導きだしました（表3-2）。1つ目は進学や就職など事前に予期していた転機，2つ目は，失業，病気，死別など予期していなかった転機，そして，3つ目は就職したいと思っていたができなかった，結婚したいと思っていたができなかった等の期待していたことが起きなかった転機です。そして，このような転機に直面すると，自分の役割，日常生活，人間関係，自己

表 3-2　転機の 3 要素

イベント型	①予期していた転機 例：進学，就職，結婚，出産等
	②予期していなかった転機 例：失業，引越，親族や自身の病気等
ノンイベント型	③予期（期待）したことが起きないことによる転機 例：留年，就職できない，結婚できない等

概念の変化が1つまたは2つ以上起きると述べています。たとえば，進学して（イベント）一人暮らしをするようになり自炊をはじめる（日常生活の変化），教育実習をして（イベント）幼児教育の面白さを知り小学校教諭になるか幼稚園教諭になるか再考する（自己概念の変化）などです。人生は転機の連続であり，どのような転機も避けることができないからこそ，シュロスバーグは，転機によるマイナスの影響を最小限に抑えて対応することの必要性を述べています。

2 キャリア・トランジション・サイクル

　イギリスのロンドン大学にあるロンドンビジネススクールで教鞭をとるニコルソン（Nicholson, N）は，転機がキャリア発達に活かされる過程には，準備→遭遇→適応→安定化の順番でサイクルが回っていると考えました（図 3-4）。準備とは，新しい環境に入る準備段階です。その後，新しい環境でさまざまな状況や課題に直面（遭遇）します。そして，少しずつ環境や人間関係などの状況に溶け込み慣れていき，最終的にその環境に落ち着いていきます。しかし，永

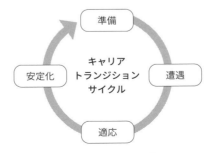

図 3-4　ニコルソンのキャリア・トランジション・サイクル

遠に安定していることはなく，また転勤や昇進などの新たな変化が訪れ，再び準備段階へと突入し，同じサイクルを繰り返していきます。ニコルソンは，準備・遭遇・適応・安定化の各段階は，相互依存性があり，互いに影響を与え合うものであるとしています。つまり，準備段階での準備状況によって，次の段階で遭遇する課題を乗り越えられるか否かに影響が出るということです。その後の適応段階で「こんなはずじゃなかった」という不適応状態に陥ることは，モチベーションを低下させ安定化を妨げることになります。負のサイクルに陥っている場合は，どの段階に問題があるのかを確認し改善していくことが大切になります。

　以上，転機に着目してキャリア学説を唱えた人物を2人紹介しました。転機は，いつどのようなタイミングで起こるのかわかりません。特にイベント型の予期していなかった転機や，ノンイベント型の予期（期待）したことが起きないことによる転機は，覚悟や見通しがもちにくいがゆえに，トランジション・サイクルの準備段階をいかに過ごすのかが課題となります。そして，発達段階でとらえると探索段階であり不透明で不安定な過渡期こそ，転機は自己対峙をする機会として機能するともいえます。

Section 5 | 卒業生の声：臨床経験科目とキャリア形成

　さて，ここまでキャリア形成にかかわる諸理論についてふれてきました。では，実際に教育学部の臨床経験は，どのようにキャリア形成に影響を与えていくのでしょうか。2010年から2021年までに教育学部を卒業した40名に臨床経験科目での学びについて振り返ってもらいました。40名の内訳は，教師29名，保育士3名，会社員2名，自営業2名，公務員1名，その他3名です。

　臨床経験科目のなかで一番記憶に残っているエピードについて尋ねた結果は表3-3のとおりです。教育実習のエピソードをあげる人が多く，教育実習を通して教師になることを決意した人や目指す教師像が明確になった人，また，逆に教師という職業に対する理想と現実のギャップに気づいた人もいました。探索段階として位置づく過渡期である時期を，臨床経験を通して自己対峙している様子がわかります。また，仲間とともに夜遅くまで教材研究や指導案作成を頑張ったこ

とや，成功体験だけでなく苦労したことや戸惑ったこと，生徒とのかかわりで後悔したことなどをあげた人も多くいます。それらは，ニコルソンのキャリア・トランジション・サイクルでは遭遇段階に相当する出来事かもしれません。

表 3-3　一番記憶に残っているエピソード（抜粋）

3 年生の教育実習。宿舎で夜な夜な仲間と指導案を練ったことが記憶に残っています。
3 年生の教育実習。同じクラスに配属されたメンバーで教材研究を夜遅くまでやったこと。運動会の表現種目でエイサーをやることになり，みんなでたくさん踊ったこと。
4 年生の教育実習 II で，中学校英語で実習を受けて，指導案が書けない中，担当の先生に 1 から丁寧に書き方を教えていただき，授業ができたことです。
3 年生の教育実習。特に幼稚園実習が印象的でした。環境を整えたり，子どもたちの様子から遊びを考えたりすることがとても難しかったです。でも，それがとても大切で，幼稚園だけでなく小学校，中学校でも共通して大切なことになると気づくきっかけになりました。
3 年生の教育実習で，子ども理解を一生懸命に頑張っていたら，授業で予想される子どもの反応をイメージすることができて，実際の授業でも子どもたちが探究的に取り組んでいたこと。
3 年生の時の実習で，自分が授業した時，子どもが言葉をよく聞いて，行動してくれた音楽の時間。一緒にやってみようというまで，ずっと見ていてくれて，言葉選びの難しさと言葉を守らせる教育のすごさを感じました。
3 年の実習のおかげで今の進路（教師）を選びました。感謝しています。
3 年生の教育実習が 1 番記憶に残っています。それまでは教育現場に行くことがあっても，授業をすることがなかったので実際に授業をすると改めて教員の大変さや自分の未熟さを実感したからです。また，自分が思い描いていた教員像と現実のギャップがすごくて，教員という職業に初めて違和感を感じたのも記憶に残っている理由の一つです。
教育実習で，子どもの学びを保障し支える先生方の姿になりたい教師像が明確になったように思います。
公立小学校へ 1 週間ほど通った実習です。授業はしていないのですが，小学校 1 年生の発達障がいの男の子の支援をして，大変さややりがいを感じま

した。学級経営の大変さを痛感しました。自分が入ったことで，授業中クールダウンの部屋で私と遊ぼうとするようになり，教師としての子どもとの向き合い方を考えさせられました。音楽で鍵盤ハーモニカでカエルの歌の練習をしている時に，思うようにできなくて椅子を投げていた子のクールダウンに付き合い，個別で教えたら，その時間内にできるようになって嬉しそうに何度も繰り返し演奏していて，嬉しく思いました。

3年生の教育実習で自分が担当だった中学1年の道徳の授業の際に，吃音の生徒に発言を求めてしまった（事前に指導教官から注意等はなかったと記憶している）。その際，発言がうまくできなかった吃音の生徒に対して，周りの生徒からからかうような声がけがあった。計画していた授業を中断し，吃音に対して，からかいに対して指導をしてしまった。事前に発言させる時に注意すべき生徒を確認しなかった点，実習生という立場で授業を一時中断して生徒の今後に関わる部分に踏み込んでしまった点を今でも後悔している部分がある。その吃音の生徒とは私が就職した高校に彼が進学してきたという奇跡的な繋がりもあり，元気な姿をその後も見届けられたからこそ，より記憶に残るエピソードとなっている。

　以上，本章ではキャリア形成の諸理論について概観し，教育学部での臨床経験との関連について述べてきました。「人生100年時代」という言葉があります。2016年にグラットン（Gratton, L.）らが『LIFE SHIFT（ライフ・シフト）：100年時代の人生戦略』で提唱した言葉です。寿命が長期化することによって先進国の2007年生まれの2人に1人が103歳まで生きると言われています。そのような時代を考えると，スーパーが示した解放段階（65歳以上）の先に，さらなる発達段階が続くのかもしれません。50年後，あなたはどこでどのような暮らしを送っていたいですか？

（安達仁美）

①これまでの人生のなかでどのような転機があったか振り返ってみましょう。そのことは現在の自分にどのような影響を与えたでしょうか。
②これからの人生で起こりそうな転機について考えてみましょう。

Chapter 4

現場で学ぶということ

教室からの手紙

大学卒業後，念願の小学校の教師となったＡ教諭から届いた手紙の一部です。

教師になって早１ヶ月が経ちました。このわずかな日々のなかで，教師になった充実感を感じつつも，その一方で，自分の思い描いていた世界と学校の現実の狭間で思い迷うこともあります。組織のなかではときに自分の考えに蓋をして，学校や学年のやり方に合わせることを求められます。私は１年生の担任をしています。入学式前日のことです。学年主任の先生から学年統一の合言葉が提案されました。先生「背中は？」→子ども「ピン」，「目は？」→「先生」，「口？」→「チャック」等です。私はこのやり方に少なからず違和感を覚えました。しかしこの学校では他の学年でもこの合言葉を使っているとのことでした。またベテランの先生方は子どもがざわざわしているときに手をパンと叩きます。すると子どもたちはパンと返します。先生がパンパンと叩くと，子どもたちは先生の方を向いて静かになります。これも一つの技だと聞きました。即効性のある方法であることは確かです。ときには必要なことも理解できます。しかしこのような指導を繰り返すなかで，子どもは状況を自分で考え判断できなくなるのではないか心配です。これが本当に子どもにとっての支援なのでしょうか。これから私が教師として学ぶべきことは，効率的に子どもを手の内で操作する技術を身に付けることなのでしょうか。これらの方法の背景にある，教師は「教え指示する者」，子どもは「教えに従う者」という関係のなかで，子どもたち一人一人が個性を発揮して生き生きと学ぶ授業は実現できるのでしょうか。

この手紙のＡ教諭が直面したことは，どの学校にもある決して特別なことではありません。現場の教師たちには，教育の専門職としての使命があります。たとえば，限られた時間のなかで指導要領に示される内容を児童生徒に確かに身につけさせること。複雑に変化していく未来社会を担う人として児童生徒を育てていくこと。このような使命を果たしていくための方法，さらには教育に対する考え方や目的はさまざまです。そしてその確かな答えは誰ももっていません。

　良い授業とはどのようなものなのか。教師とは児童生徒にとってどのような存在なのか。そして教師として何をどのように学べばよいのか。この問いかけに，みなさんはどのように答えることができるでしょうか。

Section 2　児童生徒を理解するということ

　心待ちにしていた入学式を迎え，Ｔ君の小学校生活がはじまりました。Ｔ君は就学前の検査で軽度発達障害の判定を受けていました。担任の教師は以前にも発達障害の児童を担任したこともあって，入学してまもなく有効だとされる方法でＴ君への指導をはじめました。学校のみならず，家庭でも毎日トレーニングをするようにお母さんにお願をいしました。お母さんとＴ君は，教師の指導のとおりに一生懸命に取り組みました。しかし１か月ほどすると，元気に登校していたＴ君の姿に変化が現れました。Ｔ君は登校を行き渋り，朝お母さんが学校に連れてきてもなかなかお母さんから離れません。しばらくしてお母さんが学校に相談に来ました。相談は，Ｔ君が時々夜中に泣き叫んで走り回るということ，またトレーニングは特に嫌がり，それをやろうとすると嚥下障害のような状態になるという内容でした。すでに登校はしても教室に入りたがらない状況でしたので，Ｔ君は保健室につくられたＴ君専用の区画の中で過ごすことになりました。その区画の中にいるＴ君は生き生きとして，好きな絵を描いたり，算数の学習を自分のペースで取り組んだりしていました。特に得意な粘土づくりでは，見事な作品をつくり，周りの教師や学級の友だちを驚かせました。その後Ｔ君は自分の意志で判断して学級に戻っていきました。そして苦手な音読にも自分から取り組むようになりました。入学以来のＴ君の姿と指導と

の関係は，さまざまな要因が考えられるので明確に説明はできません。しかし，教育の技術や方法には万能なものはなく，一人一人の児童生徒への理解があってはじめて，その方法は意味ある指導として機能することを，T君の姿は物語っています。

目に映る児童生徒の姿も，別の見方をすればまったく違った姿が見えてくるかもしれません。このことにふれて，岩川直樹氏が以下のように述べています。

あと 30 センチ

　教室で帽子をかぶったままの子どもがいれば，マナーがなっていないと見える。「部屋では帽子をとろうね」とやさしく指導したりする。しかしあと 30 センチ近づいていたら，帽子の下のその子のこわばった表情が見えたかもしれない。ああこんなに怯えていたのか。そう感じられたならその子が安心できる教室をどうにかしてつくってゆきたくなる。

　教室で唸り声を上げている子どもがいれば「障害」があると見える。ほかの子どもから離して職員室で自習させたりする。しかしあと 30 センチ近づいていたら，脇をぎゅっと固めて暴発を必死にとどめようとするその子はこんなにこらえていたのか。そう感じられたなら「よく我慢したね」とみんなの前でその子を承認したくなる。

　教室で規律を守り，勉強もできる子どもがいれば，なんの「問題」もないと見える。「ほんとうに手のかからないお子さんで」とほめそやしたりする。しかし，あと 30 センチ近づいていたら，いつでもどこでも同じ笑顔の仮面の向こうから，その子の叫びが聞こえたかもしれない。ああこの子はこんなに感情を押し殺しつづけていたのか。そう感じたなら，その子がやさぐれた気持ちをぶちまけられる音読の授業をやってみたくなる。

　あと 30 センチ。しかし，それがやけに遠いのだ。他者を操作し自己を防衛する技術の鎧を身にまとうことが「有能」とみなされるこの時代，私たちはその鎧を脱いで肌をさらそうとしないかぎり，ふれることもふれられることもできない。たとえ「未熟」でも，相手にふれ，ふれられる肌の感触のほうから，その子どもの葛藤や格闘に応える学びを共に探り合っていくこと。

　あと 30 センチで生まれるコンタクト。学校は，そこを起点にしてあらゆることを問い返す探究のるつぼであっていい。

（岩川直樹氏　講演記録，2017 年）

教室にはさまざまな児童生徒がいます。指導において個々の問題をとらえる

ことは大切です。しかしこの子の内にある未明の可能性を見いだそうとする理解なくして，児童生徒が生き生きと学ぶ主体的な授業を実現することはできません。また教師の児童生徒への理解のあり方は，自ずと教師のまなざしに表れます。そして何よりそのまなざしを敏感に感じているのは児童生徒たちです。

教師を演じても教師にはなれない

　教師経験2年目のM講師は，大学を卒業して中学校で1年間国語の教師として勤務後，小学校に転任して6年生の担任となりました。M講師は毎日授業計画を立て懸命に授業を進めていました。しかし，筆者が参観した授業では，M講師が問いかけても挙手する児童もまばらで，多くの児童たちの目は生気を失っていました。そのなかに机に伏せている児童がいました。その児童の足下に落ちていたノートには靴跡がついていました。このノートがすべてを物語っているように思えました。授業後，筆者と懇談するなかで，M講師は思うに任せない苦しい思いを語りました。しばらくしてM講師からメールが送られてきました。

> 　これまでよい教師を演じようとしていた自分に気づきました。子どもたちは色んな感情を持っています。一人一人価値観の違う子どもの色を，私のしたい色に変えてしまっては，個性は失われ子どもたちの中の世界も広がらない。「先生だから」と，上から子どもに完璧に教えようとしていることが間違っていたように思います。それと同時に「そうでなければ先生とは言えない」と思って子どもたちの前に立っていた自分が正直毎日苦しかった。
> 　お話しする中で「教師は子どもと一緒に考え合う人，教師を演じてもこの子にとっての教師にはなれない」という言葉に，これまでどこかで無理をしながら苦しみ続けていたプレッシャーから救われた気がしました。やらなければならないことに追われて，いつしか「教えてあげる。見せてあげる」という意識で子どもたちの前に立っていた自分に改めて気づきました。私は教師を演じることをやめようと思います。私は私として一人一人の子どもを受け取りながら授業を楽しみたいと思います。
> （M講師からのメールより）

　この日を出発点にして，M講師の授業は大きく変わっていきました。まず国語の授業に取り組みました。教材は立松和平著『海のいのち』（ポプラ社，

1992 年）。この授業のなかで，M講師は，一人一人の読みをもとに，あたかもパッチワークをつくっていくように問いや考えをつなぎ合わせながら進めていきました。それまでM講師が取り組んできた国語の読みの学習では，児童の考えを教師のとらえた主題にどう近づけていくかを視点に，教師の意図に即した考えを探し拾い上げ，ジグソーパズルを完成させるように進めるものであったことから考えると，授業の様相は大きく変化しました。M講師は授業後には省察を綴り，児童の発言や学習記録を手がかりに，個々の考えがどのようにつながりあっているのか，どのように展開しそうなのか，スケッチをするように構想し授業に臨みました。そして，授業では予想外の児童の考えは新たな展開の契機となり，構想は随時再構成されながら展開していきました（図4-1）。そのなかでM講師の教材観も更新されていきました。

　送られてくる一人称で綴られたM講師の省察には，教室でやりとりする児童とM講師の息遣いを感じました。1か月後教室を訪れたとき，授業のなかでのびのびと自身の考えを語るH君の姿がありました。1か月前に見た靴跡がついたノートの持ち主の，あのH君でした。授業後，H君について語ったM講師の言葉が印象的でした。「H君は国語が苦手だったわけではなく，本当は深く考えることができる子でした。机に伏せていたのは，H君が考えたくなる授業ではなかったということです。『海のいのち』で私はH君と出会い直した気がします」と。

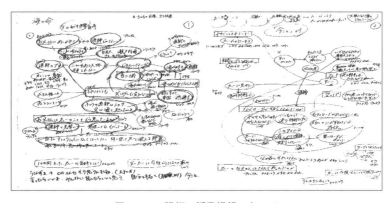

図 4-1　M講師の授業構想スケッチ

この学習を終えてしばらくして，M講師から次のようなメールが届きました。

『海のいのち』の学習は，単に国語の授業のなかでの変化にとどまらないことを，その後の子どもたちの姿に感じています。「書く」ことが苦手な子どもが多かったのですが，教科を問わず自分の考えや思いを黙々と書き綴り，生活日記にも授業のことを書いてくる子が多くなりました。また総合の学習では自分たちの願いを実現しようと，一人一人が考えを語り合う世界は，『海のいのち』で広げられた学び合う姿に重なります。思い返せば四月当初，黒板の前に私が立ち，子どもの言葉を聞きながらも自分の想定した路線に乗せようとしていた時間が，気がつけば，いつの間にか子どもが黒板の前に立ち，子どもたちは互いに考え合い，その意味を問い合っています。もうそこには，私の意図を伺うような子どもの姿はありません。私自身も子どもたちの発想に刺激を受けながら，気がつけば子どもたちと共に活動しています。

私は学生時代から比較的真面目に勉強に取り組んできました。昨年度はじめて中学校に勤務したとき，先輩の先生方から「生徒になめられないように」と言われたことから，背伸びしてよい教師を必死に演じてきた気がします。とにかく本に書かれていること，まわりの先生方が言っていることは，何でも授業に取り入れようとしてきました。そのことは誤りではなかったのですが，そこには生徒にとってどうなのかという考えはありませんでした。だから，試みた方法で真剣に取り組まない生徒は，生徒に問題があるとさえ，心のどこかで思っていました。そして，今回『海のいのち』の学習で，子どもたちといっしょに作品を読み考え合う中で，劇的に子どもたちの取り組み方が変わっていくのを目の当たりにしました。この経験のなかで実感したことは，他でよいとされる方法も，目の前の子どもたちと私との世界の中で消化されて初めて意味を持つということ，つまり，答えは教室の外にあるのではなく，「教室の子どものなかにある」ということです。また，優れた実践をする先生方に出会えば，私もあんな先生になりたいとも思います。しかし，答えが子どものなかにあるように，「どんなに憧れてもその先生にはなれない。なりたい教師は私のなかにいる」と，いま改めて思っています。そして，私の教師としての学びの場は日々の教室のなかにあると思っています。

また実践の省察とは別に送られてきた忘れられないメールがあります。

私の独り言として聞いてください。校庭で体育のサッカーの授業が終わって教室に帰る途中のことでした。S君がゴール前まで駆け出していって，「先生，早く来て！見て！」って指さしました。私は何のことかわからなかったのですが，S君の指す方を見ると，雲の切れ間から紅葉している山が見えたんです。幻想的な

山でした。私は「あの山？」と聞いたら，「うん！」ってすごく笑ったんです。その声に近くの子どもたちも「ほんとだ。きれいだねえ！」と。言葉が通い合った短時間の出来事でした。同じものを見る喜びを感じた瞬間でした。毎日当たり前のように見ている山が子どもたちと感動を共有することで，今日は特別に見えました。そのとき，ふと，サン・テグジュペリの「愛するということは，お互いに見つめあうことではなく，いっしょに同じ方向をみつめることである」という言葉を思い出しました。

　このメールに書かれた同じ山をともに見つめた感動は，『海のいのち』をともに読み合い考え合う世界があったからこそ味わえたもののように思います。

Section 4　現場で学ぶということ

　M講師の言葉，「答えは教室の子どものなかにある」ということ。そして「なりたい教師は私のなかにいる」ということ。この2つのことは，現場で学ぶということ，その内実を端的に示しています。

　科学的合理性に基づく技術と知識の習得に焦点が当てられてきた教師教育は，教師自身の自律的な思考の育成へと焦点が移行してきています。教師の学びは経験にひらかれた動く知としてとらえ直され，教師として生きる指向は，方法や技術を「どうもつか」から，指向する主体として「どう在るか」へと転回してきています。省みれば，これまで教育現場の主流となっていた仮説検証型の実践研究は，理論や先行実践に基づいて，目的を遂行するための効果的な方法を見いだしその適用性の是非を視点に一般化・普遍化しようとしてきました。確かにそのなかで教師たちは学んできました。しかし，私たちは有効とされる方法が，別の教室でまったく機能しない事実もたびたび目撃してきました。そして，教師がこの子に，またこの子が教師に対して，互いをどのように受け止めているのか，その関係性が授業に深くかかわっていることに気づきつつも，客観性を大義に，方法と効果といった明示しやすい枠組みから授業の実際を説明しようとしてきました。また授業のねらいを達成するために，唯一無二の個々の考えが，「使える子」または「使えない子」として，パズルのパーツのように取捨され組み込まれていく。その巧みさを教師の力量とする見方も現場には

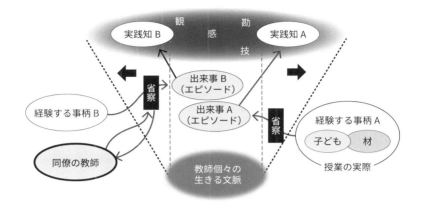

図 4-2　教育現場における教師の成長モデル（仮構）（畔上，2016, p.3）

あります。もとより授業は材をめぐる児童生徒と教師がつくる再現不能な一回
性の時と場です。その利那のなかでいかに判断行動するか，その職人的実践知
は教師それぞれです。この実践知を同僚の教師から学ぶことは多々あります。
しかしベテラン教師のそれが必ずしも納得いくものであるとはかぎりません。
つまり多様な価値が存在する現場において，教師としての学びは他者から借用
できるものではなく，経験に基づく自らの生きる文脈のなかで自身にとっての
出来事になるからこそ，その学びは真に自らのものとなる。言い換えるなら，
教師の学びの核心は，さまざまな状況のなかで省察的に思考し行動できる自立
した教師として自らを育てることにあるといえます。M講師の実践はこのこと
を如実に物語っています。

（畔上一康）

①良い授業とはどのようなものだと考えますか？
②良い教師とはどのような教師だと考えますか？

Chapter 5

学級経営・学校づくり

ティーチャーズ・リバーを渡る

1 2つの視点

　児童生徒と教師の間には一本の川が流れています。これを「ティーチャーズ・リバー」と呼びます。これまで，学生として受講していた目線を，メタ認知化して，「はて，こういう場合，自分が教師だったらなんて発問するだろう」「この教材は，目標達成に適しているだろうか」と，受講している授業を教師に成り代わって分析することを「ティーチャーズ・リバーを渡る」といいます。

　大学生は，児童生徒の気持ちが代弁できつつ，教師側からも物事がみられる中間層に位置づいています。いわば「児童生徒の気持ちがわかる教師」でいながら「教師の立場がわかる児童生徒」でもあるという存在です。臨床経験科目の授業を通して，ぜひこのような視点を培ってください。

　もう一つの重要な視点は，臨床経験科目の授業を通して自身の「コミュニケーション力」をアップすることです。NHK調査によると「成人の68％が自分は人見知りと自覚している」ということです。コロナ禍と相まって，さらにこの数値は高まっているものと考えられます。しかし，児童生徒は大人以上に人見知りが多いのも事実です。ぎこちなくても徐々に力をつけていけばよいのです。授業のなかで積極的に対話していきましょう。

2 自律心の育成

　これまで授業の達人と言われた素敵な授業を展開する教師の共通点は，「授業にとどまらず，学級経営にも優れている」という点です。「授業はうまいけ

れど，学級経営は下手」とか，「学級経営は優れているんだけれど，授業がひどい」とかいう教師は存在しません。「学級経営力」と「授業力」，両輪が回って，はじめて児童生徒の成長・変容が前に進むのです（図5-1）。ところが，日本の大学の教員免許取得授業に「学級経営」という必修科目はありません。意図的に学

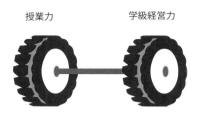

授業力　　　　　学級経営力

両輪が回って前に進む

図 5-1　授業力と学級経営力

んでいかないと，いざ担任になったとき，自分の児童生徒の頃や教育実習の経験だけで「学級経営のはじめの一歩」を踏み出すことになってしまいます。これでは丸腰で現場に突入するようなものです。そこで本節では「学級経営・学校経営」について言及していきます。

　学校経営が非常にうまい校長先生がいます。この校長先生の過去を紐解くと，教職員や児童生徒の誰からも頼りにされ，行事や生徒会活動に尽力した学年主任でした。さらに紐解くと，教師と児童生徒の関係だけでなく，友だちどうしの関係も良好な学級経営を行う担任でした。学級経営・学年経営・学校経営，同心円的拡大のコアにある大事なことは何でしょうか。

　その基盤は「信」「敬」「慕」。信じ信じられ，敬い敬われ，慕い慕われること（図5-2）。教師と教師，教師と児童生徒，児童生徒と児童生徒，かかわるすべての人たちに通底している基盤です。なぜならば「信」「敬」「慕」の関係性がない人から何を言われても心に響くことはありません。そして，その基盤の

図 5-2　マネジメントの基盤

うえに存在するマネジメント・コアは，児童生徒（教職員も）の心に火を点けて自律性（オートノミー）の成長に寄与することです。人は本来，他人からの指示・命令では動かず，置かれた状況の理解・納得で動きます（状況の法則）。学校・学級の現状を認識し，自律的に自己回転していく，そのような児童生徒の成長を支援する学級経営が望まれます。

3 「きく」と「みる」

　リーダーシップには，方向性は示すけれど，決して押しつけず，その先は児童生徒や教職員に任せ，「責任をもたせるが，責任は負わせない」というところが大事になります。そのために相手の話を「聴く」スキルが重要になってきます。

　「聴く」とは，人の言葉を受け入れて認識する「聞く」以上に，耳だけではなく，目でも心でも「全力できくぞ」という意味をもっています。そして対話を深めるスキルが「拡張話法」です（図 5-3）。「感嘆」「反復」「共感」「称賛」「質問」の 5 つです。「相手の話が広がる」「対話が深まる」には，実は聴く側の力が大きいのです。

　ちなみに，「みる」にもいろいろな意味があります。「見る」は視覚に映るものを認識すること。「観る」は観察すること。「視る」は調査。「診る」は診断。「看る」は世話するという意味です。学級経営ではよく児童生徒を「みる」ことが

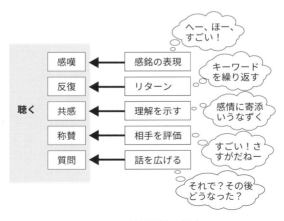

図 5-3　拡張話法の極意

図 5-4　見る観る診る（千葉市教育センター, 2010, p.30
千葉市立生浜東小学校　笠井由紀教諭）

大切ですが，いま，どの「みる」なのか，意識することです。

　いずれにせよ，児童生徒たちが自由に話せる学級の空気が大切です。「間違っ
てもいいよ」「思ったことを話してごらん」「もやもや感が大事なんだよ」。授業
でも学級経営でも，ユーモアのあふれた空気の柔らかさを紡いでいきましょう。

④ リスクマネジメントとクライシスマネジメント

　学校の危機対応は，外部の侵入者や被災など，外からのリスクを前提として，
防災訓練や防犯対策を行っています。しかし，医療の世界では，輸血や薬の投

与の間違いなど，内部の医師や看護師のリスクマネジメントがなされています。実は学校にも内側にリスクがあり，たとえば，いじめは児童生徒を死に追いやる重大リスクと考えるべきです。学校には外からも内からもさまざまな危機・危険が潜んでいます。

　では実際に学校現場ではどのようなリスクがあるのでしょうか。一番多いのは前述したいじめや校内暴力，交通事故，家出など「児童生徒の指導」に関することです。次に「自然災害」や「外部の侵入者」などの「外側のリスク」と続きます。さらに器物損害や遊具破損などの「施設・設備」，体罰や不適切な発言などの「服務・勤務」，さらに「教育計画・教育課程」「家庭・地域」等々続きます。

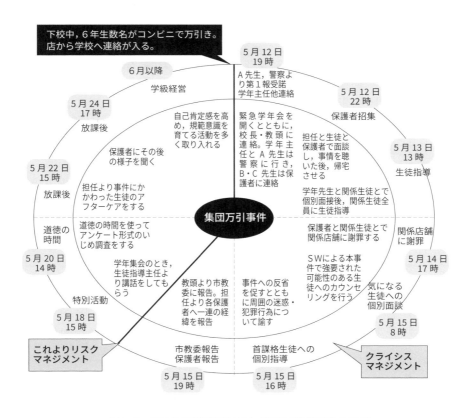

図 5-5　学校危機対応曼陀羅図（集団万引き事件の場合）

その対応策がリスクマネジメントとクライシスマネジメントです。前者は「危ない様が予見される状態」への策（事前事後の危険管理），後者は「危ない様のさなかにある状態」からの策（事中の危機管理）を意味します。いま，まさに勃発している危機からの脱出。今後二度と同じようなことが起きないための危険回避。この２つは同じ危機対応でありながら，まったく性質が異なります。

　事案が発生するとクライシスマネジメントをもって全力で取り組み，一応の解決に至ったとしても，その後に指導の経過を記録に残して点検したり，それらをもとに今後の対応策を検討したりすることが少ないため，結果として同じような生徒指導事案を繰り返し発生させる学校がみられます。そのようなことを回避するために，授業分析に使う授業記録ツールを参考に中野民夫氏が考案した「学校危機対応曼陀羅図」を紹介します。リスクマネジメント，クライシスマネジメントを時系列でとらえ，コンパクト（A4判１枚）にまとめ，保管にも便利なものです。図5-5の例は小学校６年生の「集団万引き事件」の曼陀羅図です。

　一度，どれか一つ事案を想定して，曼陀羅図を作成してみてはどうでしょう。「ティーチャーズ・リバー」を渡った気がすると思います。

Section 2 特別に支援を要する児童生徒を包む学級経営

1 合理的配慮の影響

　一口に，支援が必要な児童生徒といっても，多くのタイプが存在します。「内気な子」「乱暴な子」「無気力な子」「外国籍児童生徒」「LGBTQ＋」等々。つまり，支援を必要としない児童生徒などいないのです。なぜならば，教育とは児童生徒の自律を支援する営みなのだから。

　我が国においては，障害者差別解消法（2017年）によって「合理的配慮」が善意から義務へと変わり，学習指導要領解説（2017年［平成29年］3月公示）に具体的配慮の例示が掲載されました。このあたりから，支援を要する児童生徒への配慮をどのようにするか，全国各地でバブルのように研修がなされるようになりました。そして，支援を要する児童生徒に集中するあまり，密かに，じわりじわりと，通常の児童生徒におざなり感が芽生え，反発意識が見え

隠れしはじめました。

　特別に支援を要する児童生徒を擁する（インクルーシブな）学級の，特別に支援を要さない児童生徒にも目を向ける学級経営を考える時代が来たのだと思います。

2　A先生の場合

　児童生徒どうしの関係が貧弱だと，前述のような反発が起きてしまいます（図5-6：鵜飼い型学級経営）。支援が必要な児童生徒がいるからこそ，他の児童生徒も成長する「支援型学級経営」（図5-7）にならなければインクルーシブ教育の意味を成しません。それには相応のスタッフが必要です。支援を要する児童生徒につきっきりで，しかも通常学級において普通に授業を行うというのは，そもそも一升ますに米２升入れるようなものです。スウェーデンでも学校単位でスクールサポーターを独自に雇用し，担任は粛々と授業を行っています。

　しかし，我が国ではまだまだ担任の力量に依存する傾向が多くみられます。卒業生のA先生も新卒当時はたいへんでした。着任した小学校で受け持った1

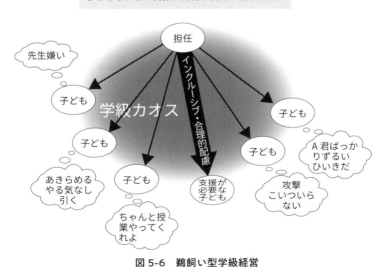

図 5-6　鵜飼い型学級経営

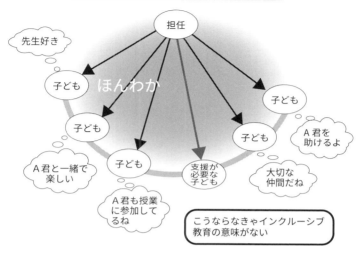

図 5-7　支援型学級経営

年生の学級には，特別に支援が必要な児童が2人もいたのです。A先生はこの児童への対応で学級経営も疎かになりがちでした。しかし，校長先生がこの状況に気づき，「担任を一人で悩ませない・対応させない・個業にしない」の信念のもと，スクールサポーターが見込まれないこの地域において，学年担当制を敷き，学級支援チームを結成しました。信州大学の上村惠津子先生は，「特別な教育的ニーズのある子どもの支援体制」という教職大学院の授業のなかで，学級経営支援チーム組織図を提案しています（図5-8 および p.65 の図6-2 参照）。校長はこれを参考に，大学より，特別支援教育を研究テーマにしている学生をスクールサポーターとして招きました。双方がウィンウィンの関係です。

　大学からの学生サポートも入るようになり，チームができてからのA先生は，だいぶ心が安定してきました。3学期には理想の学級に近づいたとのことです。

　学生のみなさんも，ぜひ，学校現場でボランティアをやってみてはいかがでしょうか。学ぶことが多いと思いますし，学校からも感謝されます。

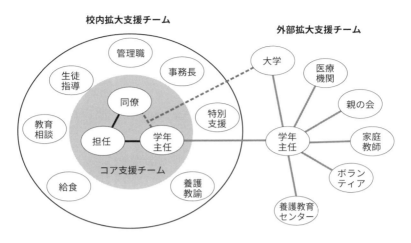

図 5-8　学級経営支援チーム組織図（田村・石隈，2003
をもとに信州大学上村惠津子先生作成）

3　B先生の場合

　CさんはLDとADHDとASDの3つの傾向をもつ特別に支援が必要な児童でした。4月，異動してきたB先生はCさんとはじめて出会い，チャイムが鳴っても離席，算数なのに教科書も開かず読書，友だちと口ゲンカして家に帰ってしまう等々のCさんにかかりっきり状態でした。Cさんを中心に1日も欠くことなくトラブルが発生し，スポンジで水が吸い取られるように活力が奪われ，疲労が蓄積していきました。このような状況を打開するため，A先生の学校と同様に担任支援チームが結成され，学年を中心に支援チーム作戦会議が開かれました。その会議のなかで，「ひょっとして，B先生が負担感満載なのではないでしょうか」と意見があり，B先生はハッとしました。確かに「Cさん取り出し授業」で教室からいなくなったとき，ホッとしている自分がいたことに気づきました。「そうか，自分の姿勢，子どもたちに伝染していたのかも」。この気づきから，それ以降「Cさんがいて，私のクラスだ」と念頭に置き，授業中に必ずCさんの出番をつくり，それを話題に話を広げたり，Cさんの良いところや頑張っている様子を全体に示したりするようになりました。

　また，その後の会議で「ルールに従って行動するより，雰囲気に従って行動

することが多いのよ」というアドバイスも受けました。「確かに，クラスはルールでがんじがらめだったかも」とその窮屈さを振り返り，あたたかく受容的なクラスづくりを意識しはじめました。児童どうしで協力し，助け合うことや努力を応援する雰囲気づくりを心がけました。帰りの会では，「本日のリスペクト」「友達NICE」などを毎日行いました。

これらの学級経営ストラテジーのなかで，最も効果があったものは「対話」です。B先生は確信をもって「対話にたどりついた」と述べています。B先生の対話による学級経営ストラテジーは，全体で行う「クラス会議」と個々で行う「個別対話」の往還です。まず，クラス会議では上越教育大学の赤坂真二先生の提唱しているクラス会議を参考に，週に1度，児童の生活上の問題を議題にし，対話を通して全員で解決策を探します。ある日Cさんが欠席したとき，クラス会議がはじまりました。勝敗のつく活動で「いつもCさんがいるから負けるんだ」と訴える児童がいました。議論は紛糾しました。B先生はじっと耐え，事の成り行きを見守りました。次第に「だから作戦を考えればいいんじゃないか」とか「独自のルールを考えよう」ということになり，リレーゾーンの利用とかCさんのいるチームはメンバーが増やせるとか，Cさんにボールを渡さないと減点とか，多くの話し合いがなされました。B先生はこの光景を見て，Cさんのおかげでみんな成長したんだな，と感慨深い思いをしました。

個別対話ではアドラー心理学を参考にしました。児童の問題行動の原因追求ではなく，その子の行動の目的に着目するのです。たとえば，Cさんの行動に同調傾向気味のDさんの目的は「もっと遊びたい」です。そこでB先生と次のような個別対話を行いました（図5-9上）。

また，クラス委員長で正義感の強いEさんの目的は，「クラスのみんなをきちんとさせたい」です。B先生とEさんの個別対話は図5-9下で示すような展開でなされました。

B先生は，支援チームの協働で大切だとわかったこととして，①「担任の姿勢」として担任がCさんの対応やサポートの仕方のモデルになること，②「学級の雰囲気づくり」として児童どうしで協力し，助け合うことや努力を応援する雰囲気づくりに励むこと，③「対話」として，クラス会議や個別対話の往還によって，共感・相互理解・相互啓発・答えのない課題への知恵の創発，をあ

同調傾向（刺激する）のDさんとの個別対話
教　師：「Cさん休み時間が終わるときどうしている？」
Dさん：「すぐに教室に入らない」
教　師：「そうか。あなたは？」
Dさん：「僕も遅れちゃうことがある」
教　師：「Dさんにね，先生からお願いがあるんだけど。Cさんは休み時間とか移動教室とか給食の際に，次どうしていいかわからなくなっちゃうときがあるんだって。そんなとき，Dさんから声かけてくれないかな？」
Dさん：「うん。わかった」
教　師：「Dさんありがとうね。頼りにしています」

正義感強いEさんとの個別対話
教　師：「最近Cさんのこと見ていてどうかな？」
Eさん：「ふらふら動いている」
教　師：「そうだね。でもちょっかいを出すことは？」
Eさん：「ちょっと少なくなってきた」
教　師：「そうなんだよ。Cさんね。実は先生とお話しして自分でもじっとしていられなくて，どうしても友だちにちょっかいを出したくなるんだって。だから，どうしてもちょっかいを出したくなったら，席を立って我慢しているんだよ。だから。席につかないこともあるけど，それはCさんがちょっかい出さないように頑張っているときだから，わかってもらえるかな？」
Eさん：「うん。わかった」

図 5-9　2つの個別対話

げています。

　B先生は，特別に支援を要する児童生徒を包む学級経営は，他の児童生徒の成長を育む貴重な機会ということを痛感したそうです。

4 行動原理

　B先生は，「児童生徒の成長を9年間（高校を含むと12年間）というスパンで見守るのだ」，という大きな気持ちが大切だと思ったといいます。自分はその走路の担任であって，次のバトン走者である教師に支援のバトンを渡す。その走路の間に大きな変化がみられなくとも，児童生徒の成長・変容には必ずプラスになっています。焦らず，バトンをつなぐという気持ちでいきましょう。

　一般的に，若い教師ほど，児童生徒の「行動」に目がいってしまいがちです。

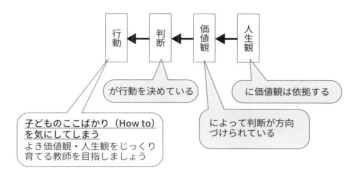

図 5-10　行動原理

授業も「How to」にとらわれがちです。しかし，「行動」は「判断」が決めているのです。そしてその「判断」は「価値観」によって方向づけられています。さらにその「価値観」は「人生観」に依拠しているのです（図 5-10）。児童生徒の行動原理を鑑み，じっくりとよき「価値観」「人生観」を涵養させ，バトンをつないでいきましょう。

（青木　一）

 自分の母校の「学校教育目標」を調べてみて，その理念や目指す児童生徒像を知り，自分なりの学級経営案・学級目標をつくってみましょう。

⍰ さらに深めるには

●千葉市教育センター（2010）『読本・達人に学ぶ授業力』　宮坂印刷
　10 年目までに身につける授業の 4 力「授業コミュニケーション力」「一瞬の対応力」「意欲向上力」「授業構成力」について説明しています。

●ダニエル・ピンク／大前研一（訳）（2018）『モチベーション 3.0』　講談社
　持続する「やる気」（ドライブ）をいかに引き出すか。活気ある社会や組織をつくるための新しい「やる気」の基本形について説明しています。

教職大学院修了生の学級経営案と保護者会挨拶シミュレーション

〈令和○年度　長野市立○○小学校　第2学年2組　学級経営案〉

学校経営目標：よく考えすすんでやりぬく子 / 体を鍛えたくましい子 / 美しさ温かさのわかる心豊かな子
【結び合いの中に生きる】 ・つながりの中で生きる実感をもてる環境へ ・子どもと共に思考を楽しむ授業へ ・子どもと共に創るカリキュラムへ

学級経営目標： ・人を想い，相手をまるごと聴こうとする子ども ・自ら考え，動き出す子ども ・自分の納得を大切にする子ども

項目	具体的な取組
学習指導	・何気ない日常のなかの姿（遊びや日記等）にその子の豊かな学びを発見し，多面的にその子の個性を見つめ，その個性が生きる授業づくりをする。 ・一人一人の納得の過程を大切にしつつ，学級や個人の学びの歩みが視覚的にわかる掲示物や学習ノート等の工夫を行う。
生活指導	・帰りの会において，今日新たに発見した友達の姿やみんなに伝えたいこと，今日考えたことを共有する時間を設けることで日々の暮らしのなかに，自分や友だちの存在が意味づくようにする。 ・事実（例えば掃除の様子）を提示し，考え合う場面を設ける。
道徳指導	・この子から溢れる言葉を大切に，日記や学習ノートへのコメントを徹底する。また，そういった個々の考えを全体に共有することで，言葉を介して互いを聴き合う関係づくりを，教師も学級の一人として目指す。
特別活動	・命に向き合う活動を通して，一人の子どもが持った思いや教師が発見した学級の事実を全体に繋げることで，日々の学級の生活を考え直す時間を設ける。 ・普段の授業だけでなく，学級会等においても一人で考える時間を充分に取り，自分が語りたくなる瞬間を大切にする。
教育相談	・様々な形で行われる「この子の表現」に対して，教師自身の捉える幅を豊かにする。例えば日記へのコメントの徹底や，今，熱中して取り組んでいることへの思いを伝える場面を保障する。また保護者の方との連絡帳を活用し，学校外での様子や，子どもが日々向き合っていることを共有することを大切にする。
保健・体力向上	・日々の遊びの中に見られる，体を気持ちよく動かす姿から体育へつなげたり，体育での探究を遊びに取り入れられるようにする。体育と普段の"遊び"のなかに，教師自身も一緒になって活動し，気持ちよさを共有することで運動に親しんでいく。
安全指導	・登下校のバス利用や通学路での歩き方について，考える必要が生まれた時に，その都度子どもと考え合う時間を設ける。 ・授業において道具を使う際には，具体物に実際に触れるなかで，注意事項を視覚的に見ることができるようにする。
環境整備	・授業中に出すものはどこの座席からも見やすいものになるよう，心がける。 ・子どもが今取り組んでいる活動の様子や，授業で発見したことなどを掲示することで，学ぶ風土を教室の環境から作る。

学級目標：じぶんをわかる　ひとをおもう

<〈第 1 回保護者会　挨拶シミュレーション〉

保護者のみなさんこんにちは。
　この度 2 年 2 組の担任になりました，信州大学から来た○○です。よろしくお願い致します。
　今年度 2 年 2 組の学級目標は，相手との関係のなかで考え，自分で判断しながら学んでいくことを大切にする「じぶんをわかる　ひとをおもう」です。これは「友だちと仲良くしたい。身の回りのモノやことを大事にしたい。自分の好きなことを頑張りたい」という子ども達の願いと，「自分自身の納得を大切にしてほしい。自分で考え，判断するなかで，相手の存在そのものを受け止めながら，その関係のなかで学んでいってほしい」という教師の願いを合わせて，願いを実現するために今 2 学年に必要なことは何か考えました。「自分のことばっかりじゃなくて友だちのこと大切にしたい」という H さんの思い，「自分の好きなこと頑張りたい」という K さんの思い，さらには「でも…」と遠慮がちに「自分の好きなこととかわからない…」と呟いた F くんの言葉がきっかけで，"みんなと過ごすなかで自分のこともわかっていく"ということがテーマの軸になり，学級目標が決まりました。相手の存在や思いを受け止めつつも，そこに自分の納得があるかどうかということが，自分が自分として生きていくことに繋がると思います。私としては，その子が日々悩み葛藤するその過程を大切にしたい。「じぶんをわかる　ひとをおもう」が 2 年 2 組一人一人の子どもにとって意味をもつ言葉になるといいと思っています。そこでこの学級目標を子どもたちと実現するために，私が大切にしていきたいことが主に 4 つあります。
　まず 1 つ目は日記です。日記や学習ノートへのコメントを徹底し，その子から溢れる言葉を大切にしていくことで，日々その子が感じていることに寄り添えるようにしていきたいと思います。また，一人一人の考えを事実として全体に提示することで，言葉を介して互いを聴き合う関係づくりを，教師も学級の一人として目指していきたいと思っています。日記同様に連絡帳も活用し，保護者の皆様と，お子さんの学校内外での様子についても共有していきたいと思っています。
　2 つ目に，学びの視覚化についてです。自分の学びの過程をリアルに振り返ることができるよう，学級活動についての掲示物を充実し，さらには ICT（情報通信技術：Information and Communication Technology）を活用しつつ，リアルタイムで出来事を共有していきたいと思います。個人の学習ノートなども大切に，一人一人が自ら考え，主体的に学んでいけるように環境を整えていきたいと思います。
　3 つ目は，自分の納得を大切にするということです。子どもは，日常生活や授業において，考え合う中で自分の納得がいかないことや簡単にわかったと言えないことに出会うと思います。その都度，自分の納得を大切に，自分なりのプロセスで歩んでいってほしいという願いがあります。そのためにも，一人でじっくり考える場，自由試行の場を保証する授業や暮らしを考えていきたいと思います。
　そして 4 つ目は，相手を聴くということです。これは学級目標である「ひとをおもう」の軸になると考えています。自分が大事にされたいように，相手も自分を大切にしてほしいと願っていること。相手との関係のなかに生きていこうとする子どもを，私も関係の中に生きるひとりとして一緒に考えていきたいです。具体的には，帰りの会において，今日新たに発見した友達の姿やみんなに伝えたいこと，今日考えたことを共有する時間を設けることで，日々の暮らしのなかに，自分や友だちの存在が意味づくようにしていきたいと思います。
　これらの 4 つを日々行っていくことで，2 学年にとって意味のある「じぶんをわかり，ひとをおもう」時間を過ごしていきたいです。
　以上でご挨拶に代えさせていただきます。新任で至らない点，多々あるかと思いますが，子ども達と共に私も日々成長してきたいと思っております。
　1 年間よろしくお願い致します。

（唐沢真奈提供）

Chapter 6

心理的支援の実践のために

学校における心理的支援

　学校での児童生徒への心理的支援を考えようと言われたら，みなさんはどのようなイメージをもつでしょうか。不登校，いじめ，非行，障害，学級崩壊，外国籍，セクシュアルマイノリティ，虐待，貧困，ヤングケアラー，ひきこもりなど，多くのキーワードとともにさまざまな課題が思い浮かんでいるかもしれません。学校における心理的支援を考える際に，すでに大きな苦戦を抱えている児童生徒を手厚く支援していくことはもちろん重要です。しかし，心理的支援の対象となる児童生徒はそれだけではありません。学校心理学では，すべての児童生徒を支援の対象としながら，図 6-1 に示した 3 段階の援助サービスモデル（小野瀬，2004）を基盤とした支援を行っていきます。ここで言う

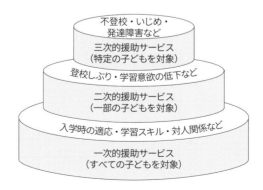

図 6-1　3 段階の心理教育的援助サービス，その対象，および問題の例（小野瀬，2004）

サービスとは，ヒューマン・サービスのことであり，すべての児童生徒の well-being（幸福で肉体的，精神的，社会的すべてにおいて満たされた状態）の向上を目的として行われる活動になります。一次的援助サービスでは，すべての子どもが，学校生活を送るうえで何らかの支援を必要としているという視点に立ち，対人関係づくりのスキルの獲得や学習意欲の向上のための開発的・予防的な支援を行います。教科学習のなかでやる気をアップさせるための工夫や，わかりやすさのための工夫などもここに含まれます。二次的援助サービスは，早期発見・早期対応と言われる部分になります。何らかの変化に気づき，つまずきはじめたところで個別の支援を開始できることが求められます。気になる児童生徒にこまめに声をかけることや他の教師から情報を得ることなどの具体的な対応をスタートしていきましょう。三次的援助サービスでは，特別な支援が必要な児童生徒を対象とした支援を行っていきます。ここでは，学校は，保護者，専門家らともチームを組み，周囲の援助資源を積極的に活用した多角的な支援を行っていきます。また，その際に児童生徒自身のもつ強み（自助資源）を活用するという視点も大切になります。これらの重層的な援助サービスを実践することで，すべての児童生徒が安心を実感しながら生活できる学校づくりを目指します。

Section 2 適切に悩むことのできる力をつける

　教育実習をはじめとした臨床での学びでは，さまざまな児童生徒との出会いが待っています。多くの出会いは，喜びや感動をもたらしてくれるものです。しかし，「楽しかった」「嬉しかった」と感じられる出会いばかりではもちろんありません。児童生徒とのかかわりのなかで，さまざまな悩みを経験することができるのも臨床での学びだからこそのことです。その際に，教師として適切に悩むことのできる力を身につけていくことが重要になります。

　私は，教師になりたくて教育学部に進学しましたが教育実習を経験して，自分は教師には向いていないことがわかりました。この先の進路をどう考えればよいかわからなくなりました。

これは，教育実習中に寄せられた相談の内容です。毎年，似たような相談が複数寄せられてきます。このＡさんの相談は，以下のような内容に続きます。

> 　子どもから「Ａ先生より，Ｂ先生の授業のほうがわかりやすい」「Ｃ先生はかわいいけどＡ先生ブス」と言われたのです。この子からこんなことを言われているのは私だけです。他の実習生は，誰も言われていないと思いますし，この子とも楽しそうに過ごしています。子どもに嫌われるような私は，教師には向いていないのだなと思いました。

　まずは，毎年寄せられる似た相談とは，どのような点で似ているのかということについてです。それは，ネガティブな出来事のすべての原因を自分に向け，児童生徒の抱えている課題をまったく検討することなく，自分のことばかり考えて悩んでいる状態です。適切に悩むと力とは，起きている問題について，自分にも子どもにもそして環境（状況）にも焦点を当てて考えることのできる力であるといえます。このＡさんのケースでは，なぜこの子はわざわざ他の実習生と比較した評価をしてくるのか，他者の容姿について指摘しなければいられないところにはどんな思いがあるのかなどを考えることができます。常に誰かに比較されている環境にある子なのかもしれない，自分の容姿に劣等感を抱えている子なのかもしれないなど，子どもが抱えるさまざまな課題についてその可能性を想像できることが必要です。またこの場合，授業の改善方法について悩むことは，自身についての適切な悩みといえるでしょう。
　ちなみに，このＡさんですが，実習指導教員からの授業者としての評価は高く，容姿も多くの人から「かわいい」と評価される人でした。この情報も含めて，さらにこの子どもの気持ちをさまざまな角度から想像してみてください。

多面的・多次元的な視点での児童生徒理解

■1 一人の子どもを多面的な視点でとらえる：横の視点

　ここでは子どもを中心とした横の視点について見てみましょう。学校心理学では，児童生徒の理解を進める際に，学習面，心理・社会面，進路面，健康面

という複数の視点からの情報を集めます。学習面で苦戦する生徒がいた際に，テストの点数や理解できていない学習内容などの情報ばかりに目が向いてしまうことがあるかもしれません。しかし，苦戦の背景に視力の低下が隠れていることや対人関係での悩みから学習に集中できなくなっていることなどはよくあることです。苦戦状況とは関係がないと思い込んでいるところに問題が潜んでいることは少なくありません。見落としを防ぐためにも多様な面についての情報収集を忘れてはいけません。

　一人の子どもを多面的にとらえることと同時に，子どもの置かれている環境についての理解も欠くことのできない視点になります。家庭，学級，部活，塾，習い事などそれぞれの環境で子どもが見せる姿は異なるものです。子どもが苦戦しているときに，苦戦の原因となる問題が子ども自身にあるのではなく，環境にあることは少なくありません。また，環境をとらえる際には，集団や組織，物理的な場所というとらえ方だけでなく，子どもの周りにいる人は，子どもにとっては環境であるという視点から理解していくことが必要になります。さらに，子ども個人と環境とどちらにも苦戦の原因となる大きな問題が存在しなくても，両者の関係性つまりマッチングの問題で苦戦することもあります。たとえば，校風や学級の経営方針と生徒のタイプのズレなどが要因となることもあります。

② 成長過程における連続性の視点でとらえる：縦の視点

　次に縦の視点です。教師としての児童生徒との出会いは，多くの場合，入学時，進級時などの特定の時期になります。そして，その出会いの時点で，すでに苦戦している状況にある児童生徒は少なからずいます。そのような際に，目の前で起きる出来事をどのような視点からとらえられるかによって，児童生徒への理解ももちろんですが，支援者である教師自身の心理状態も大きく変化してきます。児童生徒の行動について「困ったこと」「たいへんなこと」「大きな問題」と感じることが起きることがあります。そうなれば，教師自身が非常に大きな負担を感じるかもしれません。そのような際に，過去の児童生徒の情報を十分に理解することがとても大切になります。「とてもたいへんなこと」と感じたものが，過去を知ることで「こんなにできるようになったんだ。成長し

ている」と感じられることもあります。そして，同時に変化や成長を実感できれば，その後の将来についての成長の予測にもなり，現状に対する不安の軽減にもつながります。

　そして，この連続性の縦の視点でとらえるというのは，具体的な支援場面でも非常に重要になります。児童生徒が苦戦している際に，できないことをできるようにするという視点での支援に固執してしまうことがあります。もちろんそれも将来困らないようにとの思いからではあります。しかし，できるかできないかという視点だけではなく，もっと広い視点で子どもの将来を想像しながら，育てたい力を考えて支援していくことが求められます。たとえば，手先が不器用で，体育の時間の前には着替えに時間がかかってしまい，いつも友だちを待たせてしまう子がいます。ボタンやファスナーの開け閉めを練習することも支援の手立ての一つではありますが，待ってくれている友だちに「待っていてくれてありがとう」「またせてごめんね」といえるスキルを獲得することのほうがこの子の人生にとってより大きな価値をもつように思われます。

3 見えている課題の背景にある見えない部分を考える

　コンピテンシー理論の説明に用いられてきたものに氷山モデル（Spencer & Spencer, 1993）と呼ばれるものがあります。これは，人の行動は目に見えているスキルや知識，態度の部分だけで判断できるものではなく，水面下にある目には見えない動機や価値観などの部分が大きく影響を及ぼしているということを示しているものです。児童生徒について理解を深めていく際にも，この氷山モデルが役に立ちます。たとえば，児童生徒が物を壊したり，誰かを叩いたりした際に，この目に見える表面に出てきている行動のみを問題であるととらえて，改善のために「やってはいけない」ということを繰り返し伝えるだけの支援では，効果は期待できないでしょう。なぜならば，本当の課題は水面下にあり，たとえば感覚の過敏さやコミュニケーションの困難さへの支援が必要であったりするからです。同様に，意地悪なことを言ってしまう子，うそをつく子，自慢ばかりしている子など，対人関係で苦戦しがちな子の行動についても水面下にあるものを考えみましょう。その行動を取らざるを得ないような心理的な背景が見えてくるようになります。目に見えている児童生徒の行動や姿に

郵 便 は が き

| 6 | 0 | 3 | - | 8 | 7 | 8 | 9 |

028

料金受取人払郵便

京都北郵便局承認

6123

差出有効期間
2023年12月31
日まで

切手は不要です。
このままポストへ
お入れ下さい。

北大路書房

編集部　行

京都市北区紫野
十二坊町十二─八

（今後出版してほしい本などのご意見がありましたら，ご記入下さい。）

《愛読者カード》

書　名	

購入日　　　年　　　月　　　日

おところ	（〒　　　－　　　）

（tel　　　－　　　－　　　）

お名前（フリガナ）	

男・女　　　歳

あなたのご職業は？　○印をおつけ下さい

(ア)会社員　(イ)公務員　(ウ)教員　(エ)自営業　(オ)学生　(カ)研究者　(キ)その他

お買い上げ書店名　都道府県名（　　　　　　　）

書店

本書をお知りになったのは？　○印をおつけ下さい

(ア)新聞・雑誌名（　　　　　　　　　）　(イ)書店　(ウ)人から聞いて
(エ)献本されて　(オ)図書目録　(カ)DM　(キ)当社HP　(ク)インターネット
(ケ)これから出る本　(コ)書店から紹介　(サ)他の本を読んで　(シ)その他

本書をご購入いただいた理由は？　○印をおつけ下さい

(ア)教材　(イ)研究用　(ウ)テーマに関心　(エ)著者に関心
(オ)タイトルが良かった　(カ)装丁が良かった　(キ)書評を見て
(ク)広告を見て　(ケ)その他

本書についてのご意見（表面もご利用下さい）

このカードは今後の出版の参考にさせていただきます。ご記入いただいたご意見は
無記名で新聞・ホームページ上で掲載させていただく場合がございます。
お送りいただいた方には当社の出版案内をお送りいたします。

※ご記入いただいた個人情報は、当社が取り扱う商品のご案内、サービス等のご案内および社内資料の
　作成にのみ利用させていただきます。

ついて，その背景にある目には見えないものを常に想像することを心がけていきましょう。

4 SOS のサインに気づく

児童生徒のつまずきにいち早く気づくためには，子どもたちの変化を生活のなかでキャッチできるスキルをもつことが重要です。子どもは，日常のさまざまな場面で SOS のサインを発信しています。変化をとらえるというのは，専門性の高いカウンセラーよりも日常の生活をともにする教師だからこそ可能になることです。子どもの行動観察のほかにも制作物である絵や作文，プリントやテストの回答，落書きなどにもその時の心理的な状態が投影されてくることが多くあります。「あれ，どうしたのかな」と感じたことをそのままにしないことが大切です。また，掲示物や落書きから学級内で生じている人間関係の変化をキャッチできることもあります。一日の終わりに教室の状況を自らの目できちんと確認しましょう。教室の環境整備は，サインの早期発見にとても有効です。サインに気づけるようになることは，同時に成長に気づけることにもなります。変化に気づけることで，適切なフィードバックをしていくことが可能になり，問題の予防や成長の促進につながります。

Section 4 心理的支援につながるソーシャルサポート

心理的支援を考える際に，気持ちに働きかける情緒的なサポートをイメージする人が多いのではないかと思います。もちろん，気持ちに働きかけることで心理的に安定できる状況をつくりだすことは重要です。しかし，この気持ちの安定をもたらす働きかけは，情緒的なものだけではありません。ここでは，ソー

表 6-1　4 つのサポートの種類（福岡，2007）

サポートの種類	内容
①情緒的サポート	共感したり，愛情を注いだり，信じてあげたりする
②道具的サポート	仕事を手伝ったり，お金や物を貸してあげたりする
③情報的サポート	問題への対処に必要な情報や知識を提供する
④評価的サポート	人の行動や業績に最もふさわしい評価を与える

シャルサポートの視点から 4 種類のサポート（House, 1981）について紹介します。表 6-1 は，ハウス（House, 1981）に基づき福岡（2007）によって作成されたものです。これを学校場面での具体的な支援にあてはめて考えてみてください。例をあげてみましょう。①情緒的サポートは，気持ちをしっかり聴くことやこまめな声かけ，励まし。②道具的サポートは，さまざまな場面での場所や時間の確保，物品の提供。③情報的サポートは，学習や進路に関する情報の提供やアドバイス。④評価的サポートは，良い行動への積極的な評価。これはあくまで一例にしかすぎませんが，さまざまなかかわりがイメージできるのではないでしょうか。この例のように，必ずしも直接気持ちに働きかけているわけではないサポートでも，結果として心理的な安定につながっていきます。情緒的サポートだけが心理的支援ではないことを理解しておきましょう。そして，支援者にも得手・不得手はあります。自分がより貢献できるサポート方法を理解しておくことは，チームで効果的な支援を行っていく際に有効に働きます。

Section 5 援助チーム

3 段階の援助サービスのところでもふれましたが，援助ニーズの高い児童生徒にはチームで支援していくことが重要になります。まず，チームでの支援を行わない状況で生じる問題を考えておきたいと思います。教師，保護者をはじめ，苦戦する児童生徒の周りにはたいてい子どもに影響力をもつ複数の大人がいます。チームがなければ，それぞれの大人が個人の視点で「この子の課題は○○だ」と考え，子どものためによかれと思うさまざまな支援を行っていくことになります。それは，一見あたたかな支援のかたちではありますが，方向性の異なる支援が同時に行われることは，時として子どもに葛藤や混乱を引き起こします。ただでさえ苦戦している児童生徒に，さらなる葛藤を生じさせるようなことは避けなければなりません。学校心理学では，この子どもの支援のためのチームを「援助チーム」と呼んでいます。ここで，3 タイプの援助チーム（田村，2003）を紹介しておきます。1 つ目はコア援助チームです。このチームは担任，保護者，コーディネーター（養護教論やスクールカウンセラーなど）といった苦戦している児童生徒の直接的な支援の核になる人で構成されます。援

助チームでは，保護者も子ども支援のパートナーという立場で連携していきます。2つ目は拡大援助チームです。ここではさらに，校内で援助資源となるメンバーが集まり，さまざまな情報や支援の方向性を共有し誰がどのような支援を行っていくのかなどの作戦会議を行っていきます。そして，3つ目はネットワーク型援助チームです。このチームは，学校外の複数の専門家もメンバーとなり，より適切な児童生徒の理解や学校での支援方法の検討を行います。ここでの外部の専門家は，直接的な支援を行っている教師や保護者を支え，子どもへの間接的支援者の立場にもなります（図6-2）。

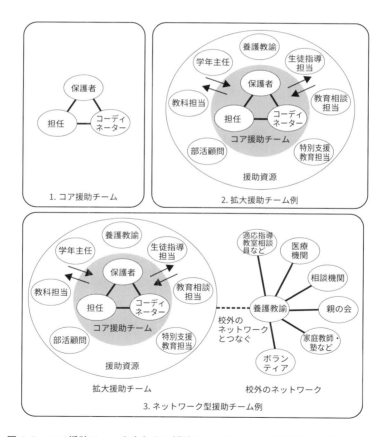

図 6-2　コア援助チームを内包する援助チームの 3 タイプ（田村・石隈，2003）

Section 6　教師の自己理解

　ここまで述べてきたように児童生徒に適切な支援を行っていくためには，その前提として，児童生徒へのより適切な理解が必要となります。その適切な理解を促進するために重要となる視点を最後に一つ考えておきたいと思います。石隈（1999）は，子どもの世界を理解するときに気をつけることは，「自分の価値観を意識的に側において子どもを見る」ことであると述べています。私たちは，誰もが自分の視点からすべての物事をとらえています。つまり，そこには必ず個々のもつ価値観が影響するということです。児童生徒の理解ももちろん影響を受けるものの一つです。誰でも自身のなかで「〜でありたい」とか「〜であることが大切」と思っていることはあるはずです。自分の大切にしている価値観と一致する方向にある子どもには，「この子は大丈夫」「良い子」という認識になり支援の必要性を見落とす可能性が出てきたり，異なる方向であれば「心配な子」「困った子」といった認識が強まり偏った理解になる可能性が出てきたりします。また，自分の大切にしている価値観も「〜であるべき」「〜でなければならない」といった強い信念になってくると，現実的ではなく非論理的なものとなり自身の不適応感につながりかねません。自分のもつ価値観や信念を知ることが，柔らかい考え方を身につけることにつながります。

　表6-2は，自分の価値観を知るための文章完成法です。この文章を完成させて，なぜ自分はそのような子どもの姿をあげたのかについてじっくり考えてみてください。

表 6-2　自分自身の価値観を知るための文章完成法（石隈, 1999）

・私は，_____な子どもが好き（不得手）だ。
・私は，子どもに_____になってほしい。
・私が嬉しいのは，子どもが_____するときだ。
・私が許せないのは，子どもが_____するときだ。

　この文章完成法を行った A さんの感想を紹介します。

私は，いつも笑顔な子どもが好きだと書きました。いつも笑っている子は，みんなを明るくしてくれるので，当たり前のことだと思っていました。しかし，よく考えてみたら，子どもが笑顔でいてくれないと不安になる自分がいることに気づきました。子どもが笑顔じゃないと，笑顔にさせなくてはと感じ，でも笑顔にすることができない自分にだめだなと感じていました。いつも笑顔でいてくれる子は，自分に不安を感じさせない存在だったから好きだと感じていたのだと気づきました。

　教師を志すAさんにとって，この笑顔に対する感じ方への気づきはとても重要であったと思います。ここに気づけたことによって，笑顔でいられない子へのかかわりも，いつも笑顔な子へのかかわりも，自身のもつ不安に無自覚であったときとは大きく変化するのではないかと思います。さらに，表6-3に教師のイラショナル・ビリーフインベントリー（土井・橋口，2000）から10項目を抜粋しました。「非常にあてはまる」や「まったくあてはまらない」と感じる項目にはどのようなものがあるか，自分を知るきっかけとして活用してみてください。

表6-3　イラショナル・ビリーフインベントリー（土井・橋口, 2000）

第1因子：自己無能感
　・授業中寝ている生徒を見ると教師になるべきではなかったと思う。
　・生徒を説得できない教師は力量不足である。

第2因子：他者不信感
　・同僚教師に相談するのは頼っているようで絶対にいやだ。
　・人の悪口を言うなんて教師として最低である。

第3因子：失敗恐怖
　・教師は人前で失敗するところを見られるべきではない。
　・教師はどんな生徒からも嫌われてはならない。

第4因子：自己抑制
　・教師が生徒に好かれるためには自己主張はなるべく避けるべきである。
　・教師が生徒に受け入れられるためには本音を出すべきではない。

第5因子：教師が理想とする生徒像
　・生徒は何事も前向きに取り組むべきである。
　・生徒は授業中，常に落ち着いているべきである。

＊各因子2項目のみ抜粋

（茅野理恵）

①配慮を必要とする児童に対するあなたの指導について，周囲の児童か
らは「○○さんだけずるい」「先生はひいきだ」と言われました。「適
切に悩む」ということを念頭に置き，この時に考えるべきポイントを
あげてみましょう。また，言われた際の自分の気持ちも想像し，陥り
やすい思考や行動についても考えてみましょう。
②「うそをつく子」が抱える課題にはどのようなことが考えられるでしょ
うか。できるだけ多くの可能性を考え，さらにグループで共有してみ
ましょう（同様に「友だちを見下す子」「陰口を言う子」などいろいろ
考えてみましょう）。

? さらに深めるには

● 五十嵐哲也・杉本希映・茅野理恵（編著）（2022）『学校で気になる子どものサ
イン増補改訂版』 少年写真新聞社
● 五十嵐哲也・茅野理恵・杉本希映（編著）（2022）『先生に知ってほしい家庭の
サイン』 少年写真新聞社

　この 2 冊には，子どもたちが学校や家庭で見せるさまざまな日常のサインに
ついて合計で 70 以上の事例が掲載されています。それぞれのサインから，そこ
で予測される複数の背景課題を考え，フローチャートやチェックリストを用いな
がら課題への対応方法を学ぶことができるようになっています。

● 五十嵐哲也・茅野理恵（編著）（2017）『保健室・職員室からの学校安全：事例
別 病気，けが，緊急事態と危機管理 Vol.1/Vol.2』 少年写真新聞社

　学校における 30 の緊急事態事例について「発生時および直後の対応」「事後
の対応」「発生を防ぐ・影響を最小限にするために」という時系列にそった 3 段
階での対応について，「救急処置」「心理的支援」「教育活動」「校内体制」とい
う 4 つの方向からの多角的な取り組みを学ぶことができます。

リフレクション

Section 1 リフレクションとは

　「リフレクション」とは何でしょうか？　英語の Reflection には，①鏡に映った自分やものごとの像，②過去の行為・決定について注意深く考え直すこと，という 2 つの意味があります。臨床経験における「リフレクション」とは，臨床の現場で経験したさまざまな出来事を振り返ることによって，そこに映し出される自分自身の姿を見つめ返すことを意味します。

　リフレクションとは，私の行為の結果が，自分の意図を超えてどのように広がっていったか，私の行為・意識を生み出した要因は何だったのか，その時それ以外の行為の可能性はなかったのか，といった事柄に意識的・方法的に注意を向けることでなければなりません。つまり，自分が正しいと信じる「信念」をいったん棚上げにして，私とは「別の見方」をする人がいるという事実に目を向けることです。

　「私とは『別の見方』をする『あなた』を知ること」により，私の視点は多様な見方のうちの一つでしかないということに，人ははじめて気づきます。これは，別の視点を知ることによって，私がかけている「色眼鏡」がどんなものか，はじめて知ることができるということでもあるのです。

Section 2 臨床経験科目におけるリフレクション

　リフレクションが大切だとわかっていても，自分で自分について振り返ることは難しいものです。リフレクションの目的に応じた具体的な方法として，次

の3つの方法を，信州大学教育学部の臨床経験科目では行っていきます。

①1つの事例・場面を取り上げて，リフレクションのモデルに従って記述することによって，その意味を深く掘り下げる

②設定したテーマについて，自己の臨床経験に関連付けたり他の人たちと話し合ったりすることによって，そのテーマについて深く掘り下げる

③基本的な観点を用いて教職ポートフォリオを作成することによって，自分の実践を全般的に振り返る

Section 3 ALACT モデルによるリフレクション

オランダの教師教育研究者であるフレット・コルトハーヘン（Korthagen, F.）は，学習者の理想的な行為と省察のプロセスを図7-1のように示し，5つの局面に分けています。

第1局面　Action （行為）

第2局面　Looking back on the action （行為の振り返り）

第3局面　Awareness of essential aspects（本質的な諸相への気づき）

第4局面　Creating alternative methods of action（行為の選択肢の拡大）

第5局面　Trial（試行）

これらの5つの局面の頭文字をとって ALACT モデルと呼ばれています。

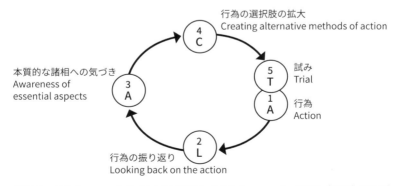

図7-1　コルトハーヘンの ALACT モデル（コルトハーヘン／武田（監訳），2010）

Section 4 教職ポートフォリオの観点

　信州大学教育学部では，次のように学位授与の方針（ディプロマ・ポリシー）を定めています。

　信州大学教育学部は，実践的な知の体系としての「臨床の知」の理念のもと，学校教員をはじめとする教育の専門家として，以下の知識と能力を充分培った学生に「学士（教育学）」の学位を授与する。

　　○教育の専門家に求められる深い教養に根ざした公共的使命感や倫理観
　　○教育活動を支え，実現する上で不可欠な専門的知識・技能
　　○他者と協働して教育活動をつくる社会的スキル
　　○理論と実践を往還する省察と改善の態度

表 7-1　ディプロマ・ポリシーと教職ポートフォリオ自己評価の観点の対応

教育学部 ディプロマ・ポリシー	教職ポートフォリオ　自己評価の観点
教育の専門家に求められる深い教養に根ざした公共的使命感や倫理観	1．教育にかかわる幅広い知識や教養 2．教育に携わる専門家としての使命感・倫理観
教育活動を支え，実現する上で不可欠な専門的知識・技能	3．各教科の背景となる学問に関する知識 　　各教科の背景となる学問に関する知識（例・国語の場合：「国語科教育学」「文学」「言語学」「書写書道」に関する知識） 4．各教科で扱う内容（学習指導要領）の知識と技能 　　学習指導要領で示されている各教科の内容に関連した知識（例・英語の場合：「言語材料に関する知識」「題材に関する知識」）や，各教科にとって重要な技能（例・英語の場合：「英語で授業を進めることのできる英語力」及び「英語で授業の準備・評価することのできる英語力」） 5．教科指導に関する知識 6．教科に関する指導技術 7．授業実践に関する専門的知識・技能 8．幼児・児童・生徒理解に関する専門的知識 9．学級経営に関する専門的知識・技能
他者と協働して教育活動をつくる社会的スキル	10．他者とのコミュニケーション能力や人間関係を調整する社会的スキル 11．様々な立場の人や多様な専門家をコーディネートする社会的スキル
理論と実践を往還する省察と改善の態度	12．理論と実践を往還する省察と改善の態度

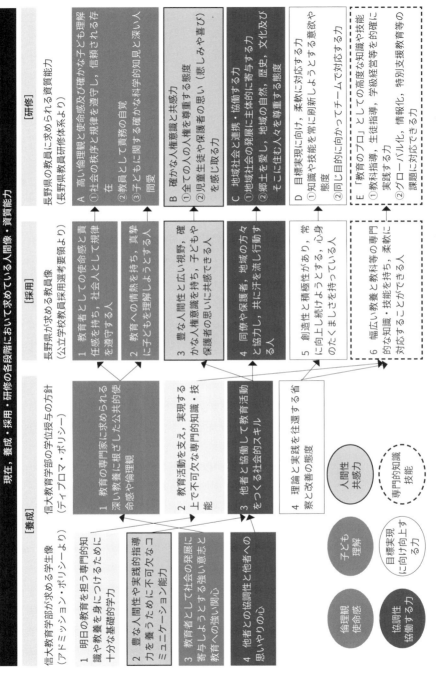

図 7-2　養成・採用・研修の各段階において求めている教師像の対応（長野県教育委員会, 2017）

これに対応して，教職ポートフォリオの自己評価の観点を表 7-1 のように設定しています。これらの信州大学教育学部ディプロマ・ポリシーと教職ポートフォリオ自己評価の観点は，都道府県・政令指定都市等教育委員会が示している教員採用試験募集要項や教員育成指標とも関連があります。たとえば，長野県教育委員会が示す「長野県の教員に求められる資質能力」との対応は，図 7-2 のようになっています（長野県教育委員会，2017）

Section 5 臨床経験科目とリフレクション

　臨床経験には，「経験を通して学ぶ」こと以外にも，いくつかのねらい・願いが込められています。

1 より広い視野から学校・教育を見直す

　臨床経験科目には，学校以外の教育の場での体験や子どもとのふれあいの体験なども含まれています。教育は，何も学校だけで行われているわけではないし，子どもの学びは，さらに広い世界とのかかわりで進行します。たとえ，学校教育の専門家となる場合でも，広い視野から自分自身の学校体験を相対化し，学校以外の子どもの生活の場を知ることは大切です。また，教育臨床演習や教育実習のような学校内での実習においても，学校を所与のものとして見る立場と，学校を創造する一員として見る立場とでは，その現実の見え方は大きく異なり，そうした異なる視線の交錯により，自分の学校観・教師観は，より複合的になり，ヴァージョン・アップされることになるでしょう。

2 経験とリフレクションを通して，「経験を通して学ぶ力」を身につける

　経験と反省は螺旋状に発展していきます。臨床経験科目の目的は単に「経験を通して学ぶ」だけでなく，「経験を通して学ぶ力を身につける」ことにも置かれています。そもそも，大学の限られた時間でどれほどのことが学べるのかと考えると，「経験を通して学び続ける構えと力」をつけることこそが大切だということがわかるでしょう。このことは，「話し合いの仕方を身につける」でもあるし，「リフレクションの視点を自在に活用する」とも表せます。こう

した力を身につけた皆さんが教育の現場に出たときに，その活性化に貢献できるのです。

3 現場に立つことによって学びの主体へ，そして責任ある当事者へ

臨床経験は，「私」を「学びの主体」に仕立て上げてくれます。ここには，2つの意味があります。

一つは，臨床経験やそのリフレクションを通して，自分自身の無力さを思い知ることになります。しかし，ここで落ち込む必要はありません。臨床経験の意義は「できる」を増やすこと以上に，まずは，「できないこと」を知り，課題意識をもった主体的な学びを生み出すことにあります。

さらに，現場に立つということは，一人一人の子どもと対面するということを意味しています。子どものまっすぐなまなざしに対面することで，私が責任ある教師という主体として立っていることに気づかされるのです。このような子どもへの応答こそが「臨床の知」の母体となります。

(谷塚光典)

①自分が受けようとしている都道府県・政令指定都市等の教員採用試験に関する情報が掲載されている Web サイトにアクセスして，「こんな人を求めています」や「求める教員像」を見てみましょう。そして，今の自分がそれに合っているか，どんなところをさらに高めていく必要があるか，確認してみましょう。
②自分が作成した教職ポートフォリオを見てみましょう。①で調べた「求める教師像」と比べてみて，教育学部卒業までに教職ポートフォリオのどの観点をさらに伸ばしていけばよいか，そのためにはどのような授業を履修したり活動に参加すればよいか，考えてみましょう。

？ さらに深めるには

● F. コルトハーヘン（編著）／武田信子（監訳）(2010)『教師教育学：理論と実践をつなぐリアリスティック・アプローチ』 学文社

コルトハーヘンの ALACT モデルの理論の詳細と，ALACT モデルによる実習生に対する指導の実際が紹介されています。

●一般社団法人学び続ける教育者のための協会（REFLECT）（編）（2019）『リフレクション入門』 学文社
コルトハーヘンの ALACT モデルについて，その理論の解説と，ALACT モデルを活用したリフレクション・ワークの実践が紹介されています。

●ネットワーク編集委員会（編）（2019）『授業づくりネットワーク No.31　リフレクション大全』 学事出版
実践をリフレクションするとは何か，教師の学びと成長にとってリフレクションはなぜ重要かなど，リフレクションについて語られています。

●田村由美・池西悦子（2014）『看護の教育・実践にいかすリフレクション：豊かな看護を拓く鍵』 南江堂
教員養成・教員研修分野以外でも，看護教育でリフレクションやポートフォリオが活用されています。専門職教育にとってのリフレクションの重要性を確認できます。

教員免許制度から見る世界の教員養成

Section 1 教員免許は特権的な制度

　多くの国では，教員免許制度ではなく資格制度を用いています。つまり，誰でも教えられるが，資格をもっている人はより専門的な仕事ができる仕組みになっているのです。また，民間団体による複数の資格があったり，資格制度すらなかったりする国もあります。この意味では，日本は世界的に見るとかなり規制が強く，教員に専門的な資質を求め，そのレベルを国や自治体が責任をもって管理する制度になっています。

　日本の教育職員免許法では，「教育職員は，この法律により授与する各相当の免許状を有する者でなければならない」（第3条）とされます。この法律に反して免許をもたない人を教員として雇ったり，免許をもたないのに教員として働いた人には30万円以下の罰金が科されます（第22条）。免許とは，原則的には禁止されている行為を，特別に許された人だけに免じる制度で，資格認証や認認可とは性質が大きく異なります。運転免許や医師免許，酒類販売免許などを見ると，免許制度が原則的に禁止して，特別に許可するものであることは多くの人が合理的だと考えるのではないでしょうか。では，教員免許をもたない人が教壇で教えてはいけない理由はどのように説明できるでしょうか。

　ここで，なぜ日本ではこの厳しい規制が成り立ち，維持できるのかという疑問が湧いてきます。というのも，世界的には慢性的な教員不足で，免許制度にする以前に，必要な人材が集まらない事態が常態化しているためです。ユネスコは10月5日「世界教師デー」に合わせて教員動向に関するレポートを公表しています。2022年のレポートでは，全世界で約1,650万人の教員が足りてい

ないと推計しています。2016年に約6,880万人不足と推計されたのに比べると
改善していますが，依然としてアフリカのサブ・サハラ地域をはじめとする各
地では深刻な教員不足が継続しています（UNESCO, 2022）。

　教員不足の原因は地域によってさまざまですが，少子化が進む先進国では，
責任を伴う専門的な仕事なのに待遇が伴わないことによる不人気や，主ななり
手だった女性の社会進出機会の多様化といった理由が考えられます。また，少
人数学級や個別支援の充実に加え，ボリュームゾーンの世代が一斉退職の時期
を迎えたことによる教員需要の増加などもあります。ヨーロッパの一部の国で
は高学歴の移民（特に女性）が最初に就く仕事として定着していて，そうした
教員は社会的基盤ができるとより有利な仕事に転職していくという事情もあり
ます（林, 2016）。アメリカでは教員不足の穴埋めに，教員を海外から「輸入」
する動きもあるほどです。インドや東南アジア，東欧などで候補者を探し，ア
メリカに連れてきて学校に斡旋し，就労許可期間が過ぎたら本国に戻してい
ます。同様の移民政策は，イギリスにおけるアフリカ人教師や，イスラエルに
おける旧ソ連圏の教師，中東における英語話者の教師など，さまざまな事例
が見受けられます（Brown & Stevick, 2014; Hayashi, 2019; Kirk, 2013; Manik,
Maharaj & Sookrajh, 2006; Michael, 2006; Paine, Aydarova, & Syahril, 2017）。
また，ICTを用いた教材を開発して，生徒に自主的に学習させる時間を増や
すことで教員の配置を減らしたり，専門的な技量がなくても誰でも指導できる
ようにしたりする取り組みも多くみられます（鈴木, 2016）。

　一方で，途上国では人口増加による教員需要の増加が一因となっています。
国連の「万人のための教育（Education for All）」や「ダカール行動枠組み」「ミ
レニアム開発目標（MDGs）」や「持続可能な開発目標（SDGs）」などの事業
では，すべての子どもたちに初等教育を受けさせることを目標に，各地に学校
を建ててきましたが，そこで働く教員の配置が難しい状況が続いています。中
には「ゴーストティーチャー」と呼ばれる問題もあって，書類上は教員として
登録され，給料は受け取っているものの，実際には教室に現れない教員もいて，
統治が利いていない地域もあります。地元の権力者への賄賂として使われる構
造もあり，一筋縄ではいかない問題です（Tooley, 2013）。

　こうした世界の状況を見ると，原則的に禁止し，特別に許可するという教員

免許制度のハードルの高さが理解できるでしょう。我が国でも，戦後しばらくはいわゆる「豆訓導」による指導や「でもしか先生」と呼ばれるほど教職が不人気な時代もありましたが，1980年以降は長期間にわたって教員採用の好調を維持してきました。[1]ところが，最近になって再び深刻な教員不足がはじまっています。少子化でありながら，超高齢社会のなかで生産年齢人口が減り，子どもたちのニーズも多様になり，きめ細やかな指導には多くの人手が必要となっています。一方で，精神的な負担や法的なリスクにさらされながら働く仕事に変化しているのに，待遇改善が伴っていないという課題もあります。すでに多くの教室で教員が配置できない状況が生まれていて，特別免許状を発行したり，教員養成課程を短縮したりする動きがありますが，今後も免許制度を維持できるのかどうかは不透明な状況です。

Section 2　教員養成は現場ではじまった

では，特別に教育を受けた専門家にしかできない教員の仕事とはどういったものでしょうか。教育学部に入学したものの，自分が教員としてやっていくうえで本当に必要な実践的なスキルを誰も教えてくれない，と嘆いている学生は多いでしょう。高校で学んだ程度の知識で，子どもたちのために毎回の授業を準備するのは勉強が足りない，と不安に思っている学生もいるでしょう。あるいは，子どもや保護者，同僚とのかかわり方や教職に対する適性や熱意に自信がもてない人もいるかもしれません。実際のところ，世界ではどのように教員を養成してきたのでしょうか。

かつて教育は贅沢品で，ごく一部の限られたエリートにしか機会が与えられていませんでした。こういった人たちは自前で家庭教師を雇ったり，全寮制の学校に子どもを預けたり，聖職者になるための学校や修行に行かせたりしてい

◆1　1971年には「公立の義務教育諸学校等の教育職員の給与等に関する特別措置法」（給特法）が成立した。この法律では，教員の仕事は勤務時間の管理が難しいという特殊性を考慮し，休日勤務手当や時間外勤務手当などを支給しない代わりに定率の教職調整額を支払うことを定めた。有為な人材を教職に招くものとして評価されてきたが，最近の「働き方改革」では「定額働かせ放題」の元凶として批判される。

ました。一方で、誰でも受けられる教育の普及は近代になってからでした。この大衆教育は、エリート教育に比べて圧倒的な量を必要としました。そのため、当初の教員養成は、今のように先生になる人材を選抜して手塩にかけて育てるようなものではなく、生徒が先生の手伝いをしながら教師になっていくものでした。つまり、養成機関は現場で育てる徒弟制度（アプレンティスシップ）をルーツとして発展してきたのです。

　教員養成の祖と言われるデ・ラ・サール（de La Salle, J-B）は 1685 年にフランスで師範学校をはじめました。ワイン農家の裕福な家庭に育ったデ・ラ・サールは学業を積んで司祭になりましたが、教会の近所の教員たちが指導力不足で苦労していることを知り、彼らに研修をするようになりました。その熱の入れようは半端ではなく、若い教師を自宅に住まわせてまで教えたといいます。これには親族が激しく反発しましたが、それでもデ・ラ・サールは諦めず、私財を投げ打って教員養成のための学校をつくりました（Salm, 1989）。デ・ラ・サールが発見した教師を育てるという考えは、その後ヨーロッパ全体に伝わっていきました。

　また、スイスでは、農園経営に失敗したペスタロッチ（Pestalozzi, J. H.）が、農村にいる貧しい子どもや孤児などを集めて労作教育を行う孤児院や学校をつくりました。ここでは、「生活が陶冶する」という考えを反映し、教員も住み込みで働き、子どもたちと一緒に農作業などをすることになっていました。ところが、彼の熱意や世間の評判とは裏腹に、これらの学校は経営難で短命に終わってしまいました（ペスタロッチ／長田(訳)，1993）。1804 年にペスタロッチは、ジュネーブ近くの城にイヴェルドン学園を設立しました。この学校はペスタロッチの考えに惹かれた 3 人の教員を伴って設立されましたが、ペスタロッチ自身は直接教える機会は少なく、他の教員が主に教鞭をとっていたといいます。イヴェルドン学園はまもなく有名になり、フランスやスペイン、イタリアやイギリス、ロシアやアメリカでも評判をよびました。学校は大人と子どもを合わせて 250 人程度のコミュニティで、7 歳から 10 歳までの子どもたちが入学し、15 歳まで学びました。生徒はさまざまで、裕福な家庭の子どももいれば、貧しく、授業料を免除される生徒も半数程度いました。学業優秀な生徒は先生役になり、他の子どもを教えるというスタイルで授業をしていました。

16歳を過ぎても学校に残り，「セミナリスタン」と呼ばれる教生（研修中の教員）になる生徒もいました。教生たちは無給で，食事と寝床だけが与えられました。この学校は全寮制なうえに教員も学校に住み，生徒と一緒の部屋で寝ていました。子どもも大人も大きな家族のように暮らし，ペスタロッチはその父親のような立場だったそうです（Brühlmeier & Kuhlemann, n.d.）。

　このように，当初の教員養成は現職の教員を対象とした研修や，学校現場での見習いから発展してきました。また，すべての教員を対象にした制度ではなく，実験的な取り組みで，ごく一部の人にしか機会が与えられませんでした。

Section 3 職業訓練か大学教育か

　産業化時代に入ると，工場や植民地では大量の労働者が求められました。こういったニーズに対応して，ベル＝ランカスター法（モニトリアル・システム）のような一斉授業を中心とした教授学習スタイルが生まれました。そこでは，優秀な生徒が助教となって先生の授業を手伝い，年少の生徒を教える仕組みができました。この助教たちは見習いをするだけではなく，教師から次の教員候補者としての指導も受けていました。帝国主義の時代には，国力増強のためにも，なるべく多くの国民に基礎教育を受けさせる必要が出てきました。20世紀頃になると，大衆教育のニーズはさらに増しました。各国では，都市部であろうと，地方であろうと，すべての子どもたちが近くの学校に通えるように，政府が中心となって，学校を大量に建設していきました。

　学校が次々に建てられるようになると，それに伴って教員の養成が課題になり，各国は師範学校を設置するようになりました。地域差はあるものの，1960年頃になると先進国はおおむね完全就学を達成し，次は教育の質の向上に焦点が当てられることになりました。「量から質への転換」です。教育の質を高めるためにカギとなるのは教員の質で，優秀な人材を誘い，育てて輩出する必要がでてきました。こうして，多くの先進国は戦後に教員養成を職業訓練校から大学レベルに格上げしたわけです。日本では，連合国軍最高司令官総司令部（GHQ）の要請によって設けられた教育刷新委員会において，師範学校から大学への格上げが決まりました。これは，他国に比べて早い時期の移行でした。

最近ではさらに高度化が進み，フィンランドのように大学院修士課程のレベルに位置づける国もあります[2]。また，中学や高校の教科を担当する教員を養成する場合には大学レベルで，幼稚園や小学校の教員は専門学校レベルで養成している国もあります。

　日本の教員養成制度は世界的に見ると特殊で，いわゆる「開放性」という枠組みを用いてきました。多くの国では公務員である教員は国立大学などの指定校で養成していますが，日本では公立・私立を問わず，どの大学でも免許課程を設置できます。また，「開放性」により，文学部や理学部など，教育学部以外でも免許が取得できるようになっています。さらに，幼稚園，小学校，中学校の二種免許は短期大学でも取得できます。二種免許であっても，採用や待遇に大きな違いがないという特徴もあります。

　シンガポールは日本の「開放性」とは真逆で，南洋理工大学にある国立教育研究所でのみ教員養成が行われています。教員志望のすべての学生はここを卒業しなければならず，学生は入学した時点で教職に就くことが決まっています。学生は在学中も教育省に雇われているという身分のため，学費が無料なだけでなく，給与も支給されます（Singapore Ministry of Education, 2022）[3]。

　教員養成を職業訓練レベルにとどめるか，大学レベルに引き上げるかというのは，慣習や考え方のうえで大きな違いを生んできました。職業訓練では特定の領域での実践経験が重視されます。短期間で即戦力になる人材を養成することを目的とするためです。一方で大学になると，学生は教養科目や語学など，仕事に直接役に立たないような授業も履修する必要があります。さらに，卒業研究などを通じて，知識創造に貢献する姿勢も求められます。大学教員は研究者が主体になり，現場での経験は必ずしも求められず，研究業績が評価されることも多くあります。学生も同じように，卒業単位に占める教育実習の割合が減り，大部分は座学による試験やレポートで評価されます。

　教員のステータスが低い国では，大学レベルの教員養成はオーバースペック

◆2　ただし，フィンランドの学部は3年間のため，日本と単純に比較できない。
◆3　日本でも1953年から2004年までは，大学を卒業後，教育職に就いた場合に奨学金の返済が免除される規定があったが，日本育英会から日本学生支援機構に改組されたのに伴い廃止された。

だと考えるかもしれません。あるいは、財政や家計がその費用を負担する余裕がないということもあります。日本もフィンランドに倣ってすべての教員が修士号を取るべきだ、と主張する人もいますが、いまのところコンセンサスは得られていません。また、GHQ が教員養成を大学レベルに引き上げた背景には、戦中の思想教育への反省から、学問の自由が担保されたなかで、社会全体に奉仕する教員を養成するという意図もあったでしょう。

かつての師範学校（職業訓練校）を大学レベルに引き上げた国では、アカデミックな能力と実践的なスキルの間に緊張関係が生じています。「理論と実践の往還」や「リフレクション（省察）」「臨床の知」といったさまざまな枠組みが提案されるのも、この関係の再構築を目指した試みだといえます。

Section 4 　教師の評価は文脈に依存する

フランスの映画「12 か月の未来図」◆4 は感動の一作なので、ぜひ一度観てください。名門高校に勤める教員フランソワが、パリ郊外の荒れた中学校に 1 年間限定で派遣され、四苦八苦しながら生徒や同僚と固い信頼関係を築いていく心あたたまる物語です。それまで優秀な生徒を相手に自分のペースで授業をしてきたフランソワは、荒れた中学校ではまったく歯が立ちませんでした。この映画は、一般的には社会的に不利な地域の学校の荒れた現状を訴える作品と評価されています。しかし、教員養成の学生の立場から見ると、どれだけ深い教科の知識があっても、荒れた学校では役に立たないという現実と、それでも授業を通じて心を通わせることができるという希望の 2 つのメッセージにふれることができるでしょう。

教師の評価は文脈に依存します。ガーナのある学校では、教科書を逸脱せず、マニュアルに沿って教えられる人が良い教師だと思われています（Hayashi, 2019）。フィンランドでは、子どもの実態や社会情勢などに応じて、教師がその場で教材を開発することが期待されています。スウェーデンではかつて、隣

◆4　オリヴィエ・アヤシュ＝ウヴィダル（Olivier Ayache-Vidal）監督のフランス映画。原題は *Les Grands Esprits*。2017 年フランス公開、2019 年日本公開。

国フィンランドと同じような方向を目指したものの，学力低下が批判されて揺り戻されています。最近では，ナショナル・カリキュラムに従って教えられる教員を養成することが強く求められています。

　学校の「量から質への転換」に伴って，多くの国では「教授から学習への転換」が目指されてきました。前を向いて整列した机の配置に見るように，これまでは教師が効率的に教える方法を追求してきましたが，より大切なのは生徒がより良く学ぶことではないか，という考えが共有されてきました。受け取り方や実情はさまざまですが，シンガポールでは，優秀な教師が生徒の先回りをして教えすぎることで，生徒の学ぶ力がつかなくなると考え，2004年に「Teach Less, Learn More」という政策を発表しました。これは教師が教えないということではなく，教師は子どもたちにより学ばせるようにする，という方向性を示したものです（Singapore Government MEDIA RELEASE, 2004）。

　このように，「良い教師とは」という評価には，地理的な差異や時代による変化が影響します。より小さな範囲でも同様で，たとえばある学校で働く際に，自分が得意だと思っている分野が必要とされない現場もあれば，自分が苦手だと思っていた仕事が，その現場では自分しかできない仕事だということもあります。自分が置かれた状況を広い視野で見渡し，その環境のなかで自分が何をすべきかを考えることも大切でしょう。

Section 5　おわりに

　本章では，日本の教員免許制度の特殊性を糸口に，世界の教員養成制度の多様性を論じてきました。歴史を振り返るなかで，かつては現場で行われていた教員養成が時代の要請により大学や大学院で行われるようになり，実務（教師の仕事に役に立つこと）とアカデミズム（仕事に役に立つかは問わない）との緊張関係が生じていることを示しました。さらに，「理論と実践の往還」や「リフレクション（省察）」「臨床の知」といった用語が，この関係を再構築すべく用いられていることを指摘しました。

　世界を見渡すと，「良い教師」の評価がさまざまにあることがわかります。それは，その地域に土着の価値観に影響を受けるとともに，時代とともに変わ

りゆくものでもあります。教員不足に転じた日本の教員養成は，いま変化の渦目にあるといえます。ある意味では，世界的な情勢に近づいたということでもありますが，日本がこれまで大切にしてきたことが崩れている瞬間でもあります。この激動の時代に教員を目指すみなさんには，教職の新しいあり方を模索する役割が期待されます。世界の英知を学び，現場での実践を通じて，ぜひとも魅力的なキャリアを築いてください。

（林　寛平）

①日本において，教員免許をもたない人が学校で教えてはいけない理由を考えてみましょう。
②あなたが考える「良い教師とは」という価値観は，これまでのどのような経験に影響されてつくられているのか，振り返ってみましょう。

(?) さらに深めるには

●尾上雅信他（2019）「教員養成制度の国際比較研究」岡山大学大学院教育学研究科研究集録，第 171 号，1-12
　日本，アメリカ，フランス，中国の教員養成制度とその歴史を整理しているので，各国の比較を通して多様な教員養成のあり方を考えてみてはどうでしょうか。

●日本教育大学協会（編）(2005)『世界の教員養成 I （アジア編）』　学文社
●日本教育大学協会（編）(2005)『世界の教員養成 II （欧米オセアニア編）』　学文社
　さらに広く深く知りたい人には，このシリーズがおすすめです。少し古い情報になりますが，日本語で読める最もまとまったものになります。絶版のため，図書館で借りましょう。

PART
2

「臨床の知」に基づく
理論と実践の往還

Chapter 9

学習者から教師の視点へ

Section 1 | 教育学部とは何か

　教育学部は，教師を養成することを目的とした「目的」学部です。これは，医学部が医者を養成することを目的とした学部であることと同じです。したがって，医学部に臨床実習があることと同じように，教育学部にも臨床実習が存在します。その代表的なものが教育実習です。しかし，何の段階も踏まずにいきなり教育実習で授業をすることは難しく，教育学部入学時からさまざまな経験を積み重ねていき，学部3年生でようやく教育実習を迎えることが望まれます。そのためには，学部1年生から系統立った臨床経験科目が必要であり，附属学校園や公立学校などの学校現場での授業参観や補助活動を通じて，児童生徒の様子を知り，現場の教師を真似て，学校教育に対する自身の価値観をアップデートしていくことが重要です。

　多くのみなさんは小学校から高校までの12年間の学習活動を通じて，学習者としてプロフェッショナルになっています。その成果は大学入試に合格し，教育学部に晴れて入学できたことに表れています。しかし，みなさんがこれから目指すものは教師であり，教師としてのプロフェッショナルです。いままで経験してきたことと180度異なる視点に立って，児童生徒がどのようにしたら円滑に学習活動を進めることができるのかを考え，行動に移していかなければなりません。特に学部1年生では，学習者の視点から教師の視点に変えて，学校活動や授業をはじめ，教師や児童生徒の動きなどを観察し，そのねらいや意図を推し量れるようになる力量形成が求められます。教師としての資質・能力の育成は，臨床経験科目からはじまるといっても過言ではありません。

「臨床経験」とは何か

　「臨床経験」とは，さまざまな学校やその他の教育施設で実地に学ぶ経験のことを指します。たとえば，多くのみなさんが，教育学部生の間に教育実習を経験します。これは，小学校や中学校などに行き，実際に授業を行って児童生徒とふれあったり，担任の先生の働きぶりをじかに見たりすることを通して，学校という「現場」を知る経験です。

　「臨床」という言葉はやや聞き慣れないかもしれません。なぜ「実践」とか「体験」と呼ばないのでしょうか。それは，この「臨床」という言葉には，文字どおり，「床（現場）」に「臨む」という意味があることに加えて，あなた自身が状況に深くかかわりながら，瞬時の判断を下していかなければならない場という意味が込められているからです。

　広い意味での教育の専門家になっていくうえで，臨床経験を積むことはとても重要です。教育の仕事は多面的・複合的で，専門の知識や理論だけではとてもその範囲をカバーしきれません。また，いくら教育に関する理論や知識をもっていても，それを現実の具体的な授業や学級経営の場面で有効に使いこなすことができなければ意味がありません。

　また，臨床経験科目には，学校以外の教育の場での体験や子どもたちとのふれあいの体験なども含まれています。教育は，学校だけで行われているわけではありませんし，子どもたちの学びはさらに広い世界とのかかわりで進行しています。したがって，広い視野から自分自身の学校体験を相対化し，学校以外の子どもたちの生活の場を知ることは大切です。さらに，教育実習のような学校内での実践的な場面においても，学校を所与のものとして見る立場と，学校を創造する一員として見る立場とでは，その現実の見え方は大きく異なります。そうした異なる視線の交錯により，自分の学校観・教師観はより複合的になり，アップデートされることになるでしょう。

　「現場」とは無限の複雑さがそこに集約された結節点であると同時に，一回かぎりの出来事がいままさに起こりつつある場です。「現場」に飛び込んだあなたは，起こりつつある事件の当事者となります。「事件は会議室で起きてるんじゃない！　現場で起きてるんだ！」という名台詞がありますが，まさに事

図 9-1　教育実習生（学部 3 年生）の授業を
参観する学部 1 年生の様子

件にまき込まれた当事者は目の前の出来事を「何とかしなければならない」状況に置かれています。状況の内側から，目や耳をフルに活用して，生き生きとした世界の動きを感じ取ることが，あらゆる学びの出発点となるはずです（図9-1）。

　そのようななか，臨床経験はみなさんを学びの主体に仕立てあげてくれます。ここには，2つの意味があります。

　1つ目は，臨床経験などを通して，自分自身の無力さを思い知ることです。学校現場に出ると，みなさんはおそらく「ベテラン」の的確な観察眼や手際のよさに圧倒されるはずです。みなさんのような学生や新人が目の前の問題に追われ右往左往しがちなのに対し，たとえば10年間教師を続けてきた先生は，長期的・全体的視点から仕事の優先順位を決めてことにあたることができます。しかし，ここで落ち込む必要はありません。これは，もちろん10年間その先生が積み上げてきた経験と習熟による違いです。臨床経験の意義は「できる」を増やすこと以上に，まずは「できないこと」を知り，課題意識をもった主体的な学びを生み出すことにあります。

　2つ目は，学校現場に立つということは，一人一人の児童生徒と対面するということを意味しています。児童生徒のまっすぐなまなざしに対面することで，みなさんが責任ある教師という主体として立っていることに気づかされるのです。このような児童生徒への応答こそが「臨床の知」の母体となります。

　問題を解決するためにいったい何が重要で，何が重要ではないのか。それが

わかるまでには，職務についての全体的な見通しをもち，自分の視点が定まるまでの一定の期間が必要です。はじめのうちは，あまりにいろいろなことが複雑に絡まりあっている学校現場の状況に混乱するかもしれません。誰でも最初はベテランではないのです。まずは，ゆっくりと周りを見渡せるようになることを目標にしましょう。

<h1>Section 3 自分の目指す教師像の構築</h1>

　みなさんは，どのような教師になりたいと考えていますか。自分たちが小・中・高校生時代に憧れた先生や尊敬する先生のようになりたいと願っている人もいるでしょう。その先生たちがどのような先生であったかを言葉に表し，そして自分自身がその先生と同じようになるために教育学部で何をどのように学ぶべきなのかを整理することが，学部1年生の入学時には重要です。本書ではこれを「自分の目指す教師像」と呼びます。

　自分の目指す教師像は，学部1年生のときには，自分が学校などで出会った誰かに似せてみたり，学習者としての経験からこういう先生になりたいと想像したりしながら描きはじめます。しかし，学部4年生のときには，自分の目指す教師像は，自分が翌年には，ある学校のある教室の教壇に立って授業をすることを想定して，具体的な人物像を描けなければなりません。そのためには，臨床経験科目を通じて，憧れの先生や尊敬する先生たちの想いや願いが何であったのか，その想いや願いを叶えるために先生たちがどのような工夫や試行錯誤を続けていたのかを知ることが大事です。

　自分の目指す教師像は，学年が進行するとともに変化していきます。なぜならば，臨床経験科目や専門科目を学ぶことによって，学校教育の仕組みや教育内容・方法のあり方などを知り，自分の目指す教師像がより精緻化されていくためです。したがって，学部1年生のときに思い描いていた自分の目指す教師像を学部卒業まで一貫してもち続ける必要は一切なく，常にアップデートしていくことが求められます。しかし，その変化の過程は自分自身の学びの過程としてしっかりと記録・蓄積し，自分の成長として振り返ることができるようになっていなければなりません。それは，自分自身の成長を喜ぶことができる教

師こそが，児童生徒の成長を喜ぶことができる教師であり，成長への喜びを感じることができる教師は，その喜びを児童生徒にも味わってもらいたいと願って，さまざまな工夫や試行錯誤を繰り返すようになるためです。この記録・蓄積する仕組みを「教職ポートフォリオ」と呼びますが，教職ポートフォリオやリフレクション（省察）にかかわる詳細は別の章に委ねたいと思います（11章および15章参照）。

（11章および15章参照）

Section 4 　臨床経験から学べる人・学べない人

　臨床経験は「ただ時間をかけさえすればそれだけ効果がでる」というものではありません。まったく同じ時間を同じ現場で過ごしても，そこからよく学ぶことのできる人とほとんど学ぶことのできない人との間には大きな差が生じます。経験は，それだけでは万能ではないのです。

　臨床経験にマニュアルや正解はありません。学校現場で教師としてうまくやっていくためのマニュアルを手っ取り早く知りたいという構えは，多様で奥深い経験の教えの多くを「役立つ・役立たない」という基準で簡単に切り捨ててしまう傾向につながります。こうした学びの姿勢は，教育の公共的意義を損なう無責任なものともいえます。

　当然，受け身の姿勢では何も学ぶことはできません。たとえ何週間実習を行ったとしても，もしもみなさんが受け身の姿勢でその場にいただけ，指示に従っていただけでは，生きた経験は得られません。やる気があったとしても，自分が失敗しないことや子どもたちに嫌われないことばかりを気にかける「自己防衛的態度」，指導教員の指示や命令に従っていれば安心という「事なかれ的態度」で臨んだ活動は空回りしがちです。

　やりっぱなしで振り返りを行わないことも学びにつながりません。体験しているさなかには，自分の心がどう反応したのか本当のところよくわかっていません。活動をうまく切り抜け，終わってすぐ忘却という体験のしっぱなしでは，せっかくの体験も大きな効果をあげられません。では，どうすればよいのでしょうか。目的意識・当事者意識をもって主体的にかかわること，自分で考えて工夫しチャレンジしていく姿勢をもつこと，学校現場で出合った事象や経験の意

味の多面性・奥深さについてじっくり振り返ること。この3つは密接にかかわっており，目的や課題意識をもって参加するからこそ，そこで得られた経験（成功，失敗，ハプニング）が問いとなって現れ，その問いを追求することが次の経験への課題意識となるのです。

Section 5 | 教職の意義と教師の役割

　我が国の教育は「人格の完成を目指し，平和で民主的な国家及び社会の形成者として必要な資質を備えた心身ともに健康な国民の育成」を目的としています（教育基本法第1条）。その中心である教師には，子どもたちに対して「生涯にわたり学習する基盤が培われるよう，基礎的な知識及び技能を習得させるとともに，これらを活用して課題を解決するために必要な思考力，判断力，表

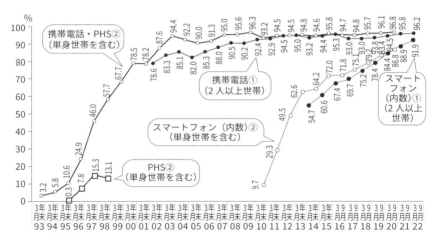

（資料）
①：一般世帯（単身世帯，外国人世帯を除く）が対象（3月）（内閣府「消費動向調査」）
②：単身世帯を含む世帯が対象（98 年以前は携帯電話のみの普及率）（年末，9 月）（総務省情報流通行政局「通信利用動向調査報告書世帯編」）
①②ともスマートフォンを含む

図 9-2　携帯電話世帯普及率[1]

◆1　社会実情データ図録　https://honkawa2.sakura.ne.jp/6350.html より

現力その他の能力をはぐくみ，主体的に学習に取り組む態度」を養うことが求められており（学校教育法第30条2），単なる知識や技能の伝達者ではないことが謳われています。

　このことを象徴する事柄が，近年のICT（情報通信技術：Information and Communication Technology）の発展にみられます。図9-2はスマートフォンを含めた携帯電話の世帯普及率を示したものです。みなさんが学校教育を受けた時代は携帯電話・PHS（Personal Handy-phone System）を1人1台持ちはじめた頃で，情報のやりとりは1対1，または特定の範囲に限定されたものであり，子どもたちの知識や技能の習得は，もっぱら学校教育のなかで教師から伝達されることが主流でした。しかし，これから義務教育で学ぶ子どもたちの多くは，スマートフォンやタブレット端末などのICT機器を1人1台ずつ持っており，当たり前のようにそれらを利活用して豊かな生活を送っています。子どもたちの多くはYouTubeをはじめとする動画サイトなどを通じて多くの情報を得て育っており，知識や技能の習得は伝達されるものではなく，自分たちで得るものであることを潜在的に理解していることでしょう。

　では，子どもたちが大人たちと同じように情報にふれて知識や技能を得られるようになったいま，学校教育における教師の役割とは何でしょうか。

　かねてより「教師は『五者』であれ」と言われています。五者とは，学者・役者・医者・易者・芸者のことです。「学者」とは，しっかりとした知識や技能をもつことです。教師は子どもたちに学問を教えることが仕事であり，そのための知識や技能を当然有していなければなりません。「役者」とは，惹きつける魅力をもつことです。教師は児童生徒の前では表情豊かに，時に大げさに振る舞い，児童生徒をうまく惹きつけて感動させなければなりません。「医者」とは，問題点を見つけて処方することです。教師は児童生徒の状況を把握して問題点を改善するための指導や助言をすることが求められます。「易者」とは，児童生徒の本質などを見抜いて可能性の道を開いてあげることです。教師は児童生徒の隠れた適性や才能を見いだし，その児童生徒の将来の可能性を広げてあげなければなりません。そして「芸者」とは，学ぶことが楽しくなるような環境をつくることです。教師は児童生徒が少しでも楽しく前向きに学ぶことができるように，常に工夫しながら授業を展開しなければなりません。

この五者を究めた理想的な教師はそう多くはないでしょう。しかし，ここで求められている五者は，児童生徒に知識や技能の習得を強要するような，いわゆるティーチャー（Teacher）的な存在ではないことは明らかです。むしろ児童生徒の学びをリードするコーチャー（Coacher）的な存在であるといえるのではないでしょうか。

　近年の GIGA スクール構想による 1 人 1 台端末とクラウド技術の教育的活用は，教師の Coacher 的な存在意義を強めました。ブランソン（Branson, 1990）は，生徒間，生徒とテクノロジーの間で知識や技能を含めたさまざまな情報のやりとりが交わされ，テクノロジーではできない支援やかかわりを教師が主に担うとするモデルを提唱しています（図 9-3）。このモデルのとおり，1 人 1 台端末を利活用することによって，児童生徒は教師と等しく情報にふれることができるようになり，教師は情報の伝達者およびゲートキーパーとしての役割を失いました。その結果，教師は五者としての役割をよりいっそう強く意識することとなり，児童生徒の学習に対する興味・関心を高めたり，児童生徒がもつ学習観や教科の見方・考え方を身につけさせたりする工夫を求められるようになりました。

　現行の学習指導要領（平成 29 年 3 月告示）では，「何を学ぶか」ではなく「何

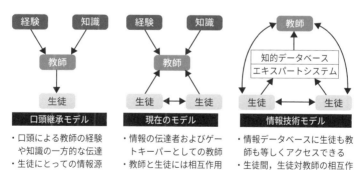

図 9-3　ブランソン（Branson, 1990）の学校の情報技術モデル

新しい時代に必要となる資質・能力の育成と，学習評価の充実

学びを人生や社会に生かそうとする
学びに向かう力・人間性の涵養

生きて働く知識・技能の習得

未知の状況にも対応できる
思考力・判断力・表現力等の育成

何ができるようになるか

よりよい学校教育を通じてよりよい社会を創るという目標を共有し，
社会と連携・協働しながら，未来の創り手となるために必要な資質・能力を育む
「社会に開かれた教育課程」の実現

各学校における「カリキュラム・マネジメント」の実現

何を学ぶか

新しい時代に必要となる資質・能力を踏まえた
教科・科目等の新設や目標・内容の見直し

小学校の外国語教育の教科化，高校の新科目「公共」
の新設など
各教科等で育む資質・能力を明確化し，目標や内容
を構造的に示す
学習内容の削減は行わない

どのように学ぶか

主体的・対話的で深い学び（アクティブ・ラー
ニング）の視点からの学習過程の改善

生きて働く知識・技能の習
得など，新しい時代に求め
られる資質・能力を育成
知識の量を削減せず，質の
高い理解を図るための学習
過程の質的改善

主体的な学び
対話的な学び
深い学び

図 9-4　学習指導要領（平成 29 年 3 月告示）の方向性

ができるようになるか」を重視するようになりました。単なる知識や技能の習
得ではなく，"生きて働く"という枕詞のもとに知識や技能を習得し，"未知の
状況にも対応できる"思考力・判断力・表現力等を育成し，"学びを人生や社
会に生かそうとする"ような学びに向かう力・人間性を涵養するように学習の
方向性を明確にしました（図 9-4）。さらに，「自己の人格を磨き，豊かな人生
を送ることができるよう，その生涯にわたって，あらゆる機会に，あらゆる場
所において学習することができ，その成果を適切に生かすことのできる社会の
実現」（教育基本法第 3 条）をするためには，学校教育の課程を終えてからも
学び続ける力を身につけることが必要です。そこで，「どのように学ぶか」，学
び方を学ぶ機会を学校教育のなかに設けて「主体的・対話的で深い学び」を身
につけるように促しました。つまり，教師は知識や技能を伝達するだけではな
く，学び方を教えることを通じて，生涯にわたって児童生徒が学び続けること
ができる資質・能力を身につけるように導かなければならないのです。これは
前述の学校教育法第 30 条 2 を具体化したものであり，決して新しい理念や概

念ではありません。我が国が掲げてきた教育の目的を再認識することを通して，みなさんが学校教育のなかで得てきた教師のイメージをアップデートし，新しい時代に求められる教師像を構築していかなければならないのです。

まとめ

　本書の柱に据えている「臨床の知」とは，教育現場において理論との連携をもちつつ，臨床的に学び取る実践知です。児童生徒は一人一人が異なる存在であり，とどまることなく変化し続けています。多様な児童生徒に対応できる教師を目指し，学び続ける教師の第一歩を踏み出すためには，学部1年生からの学校現場での学びは欠くことができません。

　まずは，授業の見方・考え方を学習者視点から教師視点にアップデートしていきましょう。そのなかで，みなさん自身がそれぞれに目指す教師像を描き，その教師像に叶うために学部4年間のなかで何をどのように学んでいきたいのかを考えましょう。これは学校教育のなかに限ったものではなく，社会教育施設などでのボランティア活動，もっと言えばアルバイトやサークル活動でもよいでしょう。人と人とのコミュニケーションのなかでお互いの人格を尊重し，その経験や知識・技能を認め，学ぶべきものは見習い，いかなるときも学ぶ姿勢をつくりましょう。

（森下　孟）

①あなたの「目指す教師像」を書き記しましょう。
②なぜ①のような教師になりたいと考えたのか，その理由を記しましょう。
③①のような教師像を叶えるために，学部4年間でどのような学びをしていきたいと考えますか。臨床経験の観点から学校現場を通じて学びたいことや考えたいことをあげましょう。

Chapter

10

授業観察を通じた教師の授業観の習得

学校社会を知るために

　学部1年生では，学習者から教師の視点にシフトして，学校教育を考える機会を設けてきました。学部2年生では，教師の視点に変わりつつあるみなさんが，これまでに学んだことをいっそう発展させるかたちで，さらに学校現場での臨床経験と省察を積み上げ，学部3年生以降の教育実習につなげていきます。

　学部2年生では，①学校社会の実情をリアルに把握すること，②自分の専門分野の課題に気づくこと，③児童生徒に対応する自分自身の課題に気づくことに臨床経験活動としてのねらいがあります。

　各種の文献や"外側"から観察した印象だけでは理解できない児童生徒の実態，断片的に観察しても理解できない児童生徒どうしや児童生徒と教師の関係性，さらに学校内外での教師の仕事の実情を理解するためには，学校生活時間に即して継続的に観察することが最善の研究方法になります。学校現場などでの臨床経験活動とその省察により，自分が専攻する専門分野の研究が，学校現場での教育活動とどのように結びつき，どのような課題を背負っているのかということに気づくことができるのです。そのためにも，自分の専門分野以外の授業を受けている児童生徒の姿にもふれ，現実社会の文脈と接点をもったかたちで専門分野の研究を深めていきます。

　教師の仕事は，授業中でも授業以外の活動中でも瞬時に状況を把握して，ケースバイケースで適切に児童生徒に対処することが求められます。しかし，児童生徒のなかで起きている問題状況を見抜いたり，それぞれの児童生徒とコミュニケーションをとったりすることは決して容易なことではありません。接しや

すい子もいれば，近づいてくれない子もいるものです。また，相手が心を開こうとしないのは，自分の側にその原因があるというケースも少なくありません。一般論で理解するのではなく，それぞれ個別特殊な条件のなかでの独自の問題として，児童生徒との距離感や自分の「構え」などを自己理解することが大切です。それは，文献研究や実験室での統制された空間では得られず，臨床的な経験を経ることによってのみ獲得できる「気づき」なのです。

Section
2 ## 授業観察の方法

　授業を観察する目的はさまざまです。はじめのうちはまず，学校という場所，教室という空間を知ることが目的になります。また，児童生徒の様子や教師という仕事への理解のためにも観察があります。教育実習の前後からは，授業の方略や子どもへの対応について学ぶことも観察の目的に入ってくるでしょう。ただ教室にいて眺めているだけでは，観察とは言えません。自らのテーマをもったり，観察の焦点を決めておいたりする必要があります。

　まず，一番観察しやすく多くのみなさんにとって関心があるのが，教師の発話です。児童生徒に問いかけたり，児童生徒の発話に応答したりする，その言葉の意味を考えてみましょう。たとえば社会科の授業で，ある児童の発話に対して「そうだね，収穫高という意味で，さっきの○○さんの意見につながりそうだね」という教師の発話があったとします。この発話には認知的・社会的・実存的という3種類の機能が隠されています。

　認知的とは，学習面のことです。その子の発話や前の子の発話を「収穫高」という概念でまとめることで，その時点での学習課題を明確にする機能を果たしています。さらに言えば，この先生の発話は，ただ2人の子どもに対してのメッセージであるだけでなく，クラス全体の学習の課題として，教室の全員に対する学習面のメッセージになっています。

　社会的とは，児童生徒どうしのつながりのことを意味します。家庭や塾と違い，学校で学ぶ価値は協働で学べるところにあります。多様な考えをもつ仲間が集い，協働で問題を解決したり考察したりすることが学校の学びです。「○○さんの意見につながりそうだね」という先生の発話は，そのことを2人の児

童に再確認しながら価値を認め，さらにまた教室全体に対しても，こうした話し合いの価値を宣言するメッセージとなっています。

　実存的とは，児童生徒のアイデンティティにかかわる部分です。いまここで教師がこの児童の発話を受け止めることで，この児童はどんなに安心し，嬉しく思ったことでしょう。そして，他の児童の意見とつなげてもらうことで，自分自身がクラスの学び合いに参加している実感を得ることができ，学習に対する自信を深めます。教師の発話とは，それほどに大きな影響をもつものです。

　このように，たった一つの発話にもさまざまな意味があります。授業観察の最初から，そのすべてについて理解することは難しいかもしれません。しかし，「今日はどの部分を見るぞ」というように，自分のテーマを決めて観察することはとても良い授業観察の練習になることでしょう。

　授業観察の枠組みはそれ以外にもたくさんあります。たとえば，発話一つをとってみても，「教師－児童生徒」間の発話もあれば，「児童生徒－児童生徒」間の発話もあります。

　また，学習スタイルに注目することも一つの観察の枠組みです。教師が前に立って話をする一斉授業の場面でしょうか，それとも児童生徒が話し合いをする場面でしょうか。時には，児童生徒が発表を行う場面もあるかもしれません。机を合わせて行うグループ学習の場面もあるでしょう。

　さらに，教室を学習環境として眺めてみれば，さまざまなレベルで多様な事象があることにも気づきます。たとえば，机の並べ方はどうでしょうか。みんな黒板に向いているでしょうか，それともコの字形になっていたりするでしょうか。教室の壁には何が貼ってあるでしょうか。教科書を使っていますか，それとも自作のプリントでしょうか。児童生徒はポスターに学習成果をまとめていたりしませんか，あるいは1人1台のタブレット端末を活用して調べものをしていたり協働編集をしていたりしませんか。こうした教室の環境条件によってどのような授業が可能になっているのか，そんな考察も立派な授業観察の枠組みです。

　発話や学習スタイル，学習環境など，授業観察の方法は幅が広いです。みなさんの学習の課題や関心に合わせながら，自由に選び取ってください。そして，時にはこれらを複合することにも挑戦すると，さらに授業は奥行きをもって見

えてくることでしょう。

授業観察記録のポイント

　授業観察の際には授業観察記録をつけます。授業観察記録を見れば，参観した１時間の授業がどのような展開で進められ，教師がどのような発問や振る舞いを行ったのか，それに対して児童生徒がどのような応答をし，どのような学習活動をしたのかが，その場で見ていなくてもわかるようになります。それほど授業観察記録は１時間の授業の再現性を高めなければなりません。

　図 10-1 は，実際に授業参観記録をとっている学生の手元をとらえたものです。A3 サイズの画板の左側にはその時間の学習指導案，右側には授業観察記録用紙をセットしています。授業展開がいまどのような場面であるかを把握しながら，目の前の授業がどのように進んでいるかを逐一記録できるための工夫です。

　また，授業観察記録には多色ボールペンを使うとよいでしょう。色の使い分け方はみなさん自身で自由に決めていただいて構いませんが，たとえば，青色は教師の発話や様子，緑色は児童生徒の発言や様子，赤色はみなさん自身の考察，黒色はそれ以外，と使い分けることができます。こうすることによって，授業観察中に何をどのように観察しているのかを自分自身が意識することができるとともに，授業終了後に授業観察記録を振り返る際に，教師や児童生徒の

図 10-1　授業観察記録の方法（例）

学習活動を色別に理解し，それぞれに自分自身がどのように感じ取ったのかを明確に認識することができるようになります。

　授業観察記録をつける際のポイントをまとめると，以下のようになります。

①教師の言葉や動きを記録する：色を使い分けたり，B（板書），T（教師），S（児童生徒），G（グループ）など自分でわかる記号で工夫したりするとよい。

②児童生徒の動きや反応を記録する：一人の子どもを中心に観察し，記録するとよい。児童生徒のつぶやき，表情，しぐさ，発言等を丁寧に記録する。発言だけを追うことがないように気をつけたい。

③授業展開に合わせて考察を加える：教師や児童生徒の姿を見て，疑問に感じたことや納得したことがあったら，考察の欄に忘れずに書きとめたい。考察は授業後ではなく，リアルタイムで行えるとよりよい。

④板書や提示された教材を記録する：どのような場面で，どのようなものを，どのように提示したかを記録したい。板書はラフでよいので記録に残したい。

⑤全体の考察をする。

（1）本時の主眼と照らし合わせたとき，本時の授業展開で主眼が達成されていたか。

（2）児童生徒の実態，およびその時間を通して児童生徒に身につけさせたい力から見て，教材は適切であったか。

（3）児童生徒の動きや姿から，教師の支援は適切であったか。

（4）本時，自分が学び得たことは何か。また今後自分の課題として何を大切にしていきたいか。

　授業観察記録用紙（図10-2）に書き込む項目は，学校などによって異なるかもしれません。しかし，授業の見方や記録の仕方はこの内容と大きく異なることはないでしょう。自分の目や耳で見たり聞いたりしたことを逐次記録し，瞬時に気づいたことを忘れる前にさっと書きとめるようにしましょう。しかし，授業観察の経験が浅いなかでいきなり教師や児童生徒の発言や活動をつぶさに記録したり，自分の考察を書き記したりすることは難しいかもしれません。その場合は，「今日は教師の動きを中心に観察しよう」「今日は子どもたちがグ

観 察 記 録 票

信州大学
教育学部　附属松本中学校

観察者（ 数学 ）科　氏名（　　　　　　）

6月3日月 曜日 第3時		2年A組 数学 科	単元 直線の式とグラフ
指導教員	教諭	主　県切片のわからない直線のグラフの式を求める場面で、別の用紙にグラフを再現して傾きや切片を読み取ったり、$y=ax+b$に傾きと1点の座標を代入して切片を求めたりしながら、求め方を比較	
教育実習生		学習課題：検討する課題？それぞれが求めた方や共通点に気付きながらグラフにかいたり、$y=ax+b$に座標を代入したりして、この直線の式を求めよう。	

教師の指導 （発問・助言・資料など）	時間	生徒の活動 （発言・表情・挙手など）	考察
前回の授業ではグラフから傾きや切片を読みとり直線の式を求めました。さて、今日はこのグラフに先ず丁が。 →学習問題を提示する	10:47	① y=思議そうな顔で 投業紙に見入る わか ② わ〜〜。	前回までのグラフとの違い数値〜？
今、Nくんは「わか〜」って言ったけど、なぜ「わか〜」と言ったの？		⑩ だって、シミで グラフがかく状 っちゃってるんだけど。 ① あれ〜 切片 y=ax+b〜。 ⑩ 別の紙にグラフひき直せばいいんじゃない。 ⑤ わかっている点から傾きは求められると思います。	直線を問う 発問になっていくのかな？
この式を求めるには何がわかればいいですよね。			
		① 通る一つの座標を出して、一次関数の式に代入して切片傾きがわかると思う。 ⑩ かければ〜けばわかんじゃない？	難しい人でもわからなくても式を代入できるという方法を見通せた人は考える。
グラフで拾ったり式に座標を代入すればできるかな！ じゃあ 今日の学習課題はこれでいいかい！	10:55		
グラフでひろったり、$y=ax+b$の座標を代入したりして、この直線の式を求めよう			

総合考察	本時は丁君を中心に観ていこうと思いました。Tさんは切片の位置が合わからなかったグラフが出てきたとき首をかしげていました。そして、友とのやりとりのなかから自分なりの方法の見通しを立てていました。この後から学習問題いて式を求めるうち子になって これまでとのズレや違いが考えたく 自分要因になってくるのだがが分かりました。	指導教員

図 10-2　授業観察記録用紙

ループワークのなかでどんな活動をして1時間の学びをしているのかを記録しよう」など，特定のある場面を決めておいて授業観察に臨み，その点を中心にして記録をするところからはじめるとよいでしょう。いずれ経験を積むにつれて，授業観察のポイントが自ずと身につき，授業の要所要所をしっかりと押さえた授業観察記録を自然とつけることができるようになるでしょう。

<table>
<tr><td>Section</td></tr>
<tr><td>4</td></tr>
</table>

Section 4 授業観察時の注意

授業は，授業者である教師の善意のもとにみなさんに提供されています。そして，児童生徒はみなさんがいるなかでも普段どおりに授業を受けるように協力してくれています。あくまで，教師と児童生徒が展開する学習活動のなかにお邪魔させてもらうという謙虚な気持ちを忘れずに授業観察に臨みましょう。

1.教師や児童生徒に対して主体的・積極的に挨拶をしましょう

挨拶はコミュニケーションの第一歩です。お互いに気持ちよく挨拶をすることによって，一日が気持ちよくはじまり，また退校するときも気持ちよく終わることができます。「おはようございます」「お願いします」「ありがとうございました」など，大きな声ではっきりとした挨拶を心がけましょう。

2.服装は華美なものは避け，教育の場にふさわしい身なりをしましょう

多くのみなさんが学校現場に訪れる際はスーツなどで行くことでしょう。では，頭髪やアクセサリーはどうでしょうか。児童生徒は自分たちの多様性を尊重しながら，学びの場であることを意識して自主的に学習者としてふさわしい身なりを選択しています。その雰囲気をみなさんが壊してしまうようなことはあってはなりません。また，華美なアクセサリーは児童生徒を傷つける可能性があるだけではなく，学習活動のなかで引っかかったり壊れてしまったりして，みなさん自身に大きな怪我を負わせる原因になるかもしれません。お互いが気持ちよく学校訪問できるように，適切な格好を心がけるようにしましょう。

3.学校で知り得た児童生徒の情報は口外することのないようにしましょう

教師には法律などで「守秘義務」が課されており，校務上で知り得た児童生

徒の情報を第三者に勝手に口外することはできません。みなさん自身は教師ではありませんが，大学はこの守秘義務を遵守することを前提として，学生のみなさんを学校に受け入れていただいている経緯があります。みなさんが学校現場で実習を受けさせていただけることは，これまでの先輩たちがこのルールを守ってきた成果であり，後輩たちにこれをつないでいかなければなりません。大学やみなさん自身の信頼を著しく損ねる行動は絶対にやめましょう。

4. 児童生徒との個人的な交流はやめましょう

　電話番号やメールアドレス，住所等，実習生の連絡先を児童生徒に教えてはいけません。また，Twitter や LINE，Instagram などの SNS（Social Networking Service）をはじめとするさまざまなサービスを活用したやりとりを行わないことはもちろんのこと，実習生個人の ID を交換する等，やりとりの契機となりうる情報提供も一切行ってはいけません。これはみなさん自身の身を守るためにも大切なルールです。児童生徒がみなさんの自宅を訪問したり，児童生徒が意図せずにみなさんの個人情報を公開してしまったりすることのないようにするためです。お互いの人権を尊重して，教育に携わる立場の人間としての自覚をもって児童生徒に接するようにしましょう。

（森下　孟）

①これまでに蓄積した授業観察記録を並べて，自分自身の授業観察記録がどのように変化しているかを考察しましょう。
②３人グループをつくって授業観察記録をお互いに見せ合いましょう。グループのなかで共通していること，相違していることをあげて，より良い授業参観記録をとるためにどのような工夫ができそうか考察しましょう。

Chapter 11

教育実習

教育実習とは

　教育実習は，児童生徒に教えるという行為を通して，教師としての姿勢や態度を学んでいく活動であるといえます。ガイダンスや教育実習事前指導で行った内容をもとに，教師として生きた学習をすることになります。

　教育実習で実際に教壇に立ち，児童生徒を教えるという行為は，同時に，児童生徒から評価されることを意味します。教育実習は，児童生徒に教えるという行為のもつ多様な意味を，みなさん自身の行為と児童生徒の反応の双方から実習という体験を通して学ぶことになります。それだけ，教育実習は，大学における授業に比べて学ぶ対象と範囲が広いものです。

　教育実習は，単なる経験や練習ではなく，教師としてのものの見方や考え方，態度や心構えなどを身につけ，教師としての学びの履歴を蓄積していく第一歩になります。児童生徒の日々の成長はかけがえのないものです。学校現場の教師や児童生徒に学びつつ，全力で取り組むと同時に，謙虚に自己を振り返ることが大切です。そして，常に自己課題を把握するよう努め，次時の実践につなぐことを通して自己課題を継続的に追究していくことが求められます。

　みなさんは，教育実習を通して，教師としての基礎的・基本的な資質・能力，技術などを学びます。教科や，道徳，特別活動，総合的な学習の時間，外国語活動の内容や指導，児童生徒指導，学習指導，学級経営，また事務手続きの実際とその意味などについて，学校現場での実践を通して学んでいきます。児童生徒に対して責任をもって接し，教育的愛情に目覚め，教師としての使命とは何かを考え，教育活動に対する責任の必要性を自覚することが大切です。

教育実習は，教育実践への責任感と意欲を高める機会でもあります。教育実習で身につけるものは，児童生徒や教室の状況に応じた多様な対応能力，広い視野や，人間性，実践的指導力の基礎的・基本的な資質・能力です。そして，教育の実際を体験し，観察し，リフレクション（省察）を重ねていきます。これによって，教育と児童生徒に対する体験的認識と理解を深めていきます。実践に対する省察を深め，理論と実践を融合しようとすることが大切です。

先輩からのメッセージ
　教育実習では常に子どもの意識は動いているという点を意識しながら臨んだ方がよい。指導案を作成し，子どもはこのように考えていくだろうと予想を立てたとしても，子どもたちは教師が考えてもいなかった発想をすることも少なくない。子どもの意識を無視した授業では関心を持てないまま終わってしまう。子どもたちの本時の意識に基づく導入や学習材とはどのようなものかを考えていくことて，子どもの意識や動きを捉えていくことができるようになると思う。

(T.O)

Section 2 　反省的実践家への第一歩

　リフレクションとは，一種の反省会ではなく，教育活動を研究的に深化させるための活動です。多様な局面からの分析により，日々の実践を科学する眼をもつためのトレーニングでもあります。すなわち，大学での体系的カリキュラムの成果を基本におき，教育の実践的活動を通じて，学生が主体的に教育の意味を再構成することになります。

　このような教師を反省的実践家（Reflective Practitioner）と呼びます。反省的実践家は，自分の手順が児童生徒にどのように映るかによって指導を変えます。自分の指導は，どのような指導法則に従って行っているかを振り返ることが，教師にとって大事です。実習生は，学校現場における実習指導教員の助言の意味を，単に指導の改善にとどまらずに，もっと深く考えていくことが大切です。なぜ，実習指導教員はそのような見方をするのか，自分の指導とどこが違うのか，児童生徒との向き合い方がどう異なるのかを考察することが必要です。

リフレクションを行うことは，指導のパターンを蓄積することにもつながります。教育実践をさまざまなケースに照らし合わせて科学することが大切です。方法としては，筆記による授業観察記録，ICT機器を活用した録音・録画など，さまざまなツールを使って実践の結果とその意味を確認していきます。事前に作成された学習指導案と実際の授業との差がどうして生じたのかについても考察します。自分の授業だけではなく，他の実習生や教師が行った授業のビデオなども有効に利活用します。それによって，次時は，何を継続しなければならないか，何を変えなければならないかを客観的な視点から考えていきます。

　リフレクションの基本は，自分が何をしているのかという行為の意味，どのような判断をしているのかを振り返ることです。つまり，一つ一つの教育的技術の結果としての効果の有無だけでなく，児童生徒との関係において行為の意味を振り返るようにすることです。それが，体験と省察を繰り返すことによって，実践と理論の密接な往還をつくっていくことになります。

　良い教師は，正確な知識や技能を教えるために，注意深く教材を提示し，児童生徒の様子を見つめながら授業を進めていきます。同じ指導内容でも，教師によって指導手順は異なってきます。良い教師は，しばしば予定の手順を変えることがあります。それは，学習指導案に従った機械的な指導手順に徹するよりも，児童生徒の様子に目を向けた結果であることがしばしばあります。教育実習を通して，児童生徒の成長の支援者として，児童生徒を見つめる態度を学びましょう。

先輩からのメッセージ

　教育実習での課題は，子どもたちが進んで学習活動のできる環境をつくることだと思います。

　授業後の事後指導のとき，教科指導の先生から「学習活動をやらせていると感じるのは，授業をすることをあなたがやらされていると思っているからではないか」と言われたことがあります。教育実習は，授業する内容，クラス，時間割など全て用意されています。その中に教育実習生はぽんっと入るのです。期間限定の教師として。

　さらに，中学校は教科担任制なので，最初の授業は初対面同士の授業となります。技術科は2時間続きではあるけれど，時間数は少ないので，教育実習II※の2週間では多くて2回しか同じクラスを見ることができませ

ん。このような状況て充実した教育実習を送るには，大きな目標と共に一日一日の目標（課題）をもって過ごすことが大切だと感じました。

　そして，一日の終わりに振り返ること。期間限定ではあるけれど，他の先生方と同じ態度や言葉遣い，姿で生徒と向き合うように本番だけてなく，日頃から気にしていたいと思います。あとは笑顔で，体調管理はしっかり行って実習生活を楽しんでください。　　　　　　　　　　　　　　　　　（R.T）

※ 教育実習II…副免向け教育実習。（例）主免：小学校，副免：中学校

Section 3 教育実習への意気込み

　教育実習は，学校インターンシップの一つです。そのため，教育実習期間中は，実習校の教師と同じように一定の職責を果たすことが必要になります。実習生は，指導者として教育活動に携わるのですから，児童生徒から見れば教師と同じように映ります。そして，実習期間が終了しても，児童生徒は実習生を教師として慕ってくることがあります。したがって，実習生の行動は教師と同じ責任が伴うことを自覚する必要があります。このような教育実習における職責という面を十分に理解しておかなければなりません。

　また，実際に教育実習に入ると，いろいろなトラブルが発生するのも事実です。教育実習に参加するにあたっては，大学においてガイダンスや教育実習事前指導が行われ，学生の希望の調整や教育実習に向けた心構え，留意点などについて詳しく説明しています。しかし，実際の教育実習では，「児童生徒が指示どおりに動かない」「教える内容を予定どおり理解させることができない」「児童生徒に信頼されない」「児童生徒どうしの人間関係が難しい」など，さまざまな障害や困難が生じます。そのような場合には，実習指導教員や実習仲間，または，大学の指導教員等に相談してみることです。あるいは，一度，肩の力を抜いて，児童生徒と一緒にできることを考えるのも大切です。

　最近，教育実習を受ける大学生の意識が変化してきており，長時間，保健室などで休まなければならない実習生も見受けられます。実習生の体調やメンタルヘルスに関する問題は，どの実習校においても指摘されています。実習生は，

健康や体調に関する自己管理に責任をもつとともに，必要に応じて実習指導教員や養護教諭などに相談することも大切です。一人で抱え込まず，さまざまな諸先輩方の力を借りて，充実した教育実習を行えるように心がけましょう。

先輩からのメッセージ

　私は，3年次の教育実習のときに小学校で2週間，幼稚園で2週間実習をさせていただきました。実習に行くまでは「自分に授業や保育ができるのか」「体調を壊さずにできるか」とても不安でした。実習初日は，子どもたちのかわいさが不安をなくしてくれました。しかし，すぐに最初の授業の学習指導案を書かなければならず，初めての経験に戸惑い，最初の授業はとても授業とはいえないものとなってしまいました。子どもたちの二度とない時間を私は無駄にしてしまったのです。私はこの経験を実習が終わった現在でも悔しく思っていますが，今回の経験をバネにして，これからもっと良い授業を作りたいと思うようになりました。実習が終わったらそれで終わりなのではなく，始まりです。教育実習で学んだことをこれから活かせたらよいと思います。

(S.Y)

Section 4　教育実習事前・事後指導

　教育実習事前・事後指導は，教育実習の事前と事後に行う教育実習に関する指導を通して，教育実習の目的の達成をより確かなものにすることをねらいとしています。なお，「教育実習の単位数には，教育実習に係る事前及び事後の指導（授与を受けようとする普通免許状に係る学校以外の学校，専修学校，社会教育に関する施設，社会福祉施設，児童自立支援施設及びボランティア団体における教育実習に準ずる経験を含むことができる。）の一単位を含むものとする」（教育職員免許法施行規則）と定められており，教育実習事前・事後指導は教育実習の成果をより実り豊かなものにするための重要な科目の一つに位置づけられています。

1 教育実習事前指導

　教育実習事前指導では，学部における教育と教育実習との間の距離を可能な

かぎり埋め，みなさんが教育実習にできるだけ抵抗感なく臨めるようにするとともに，教育実習に際して求められる必要不可欠な基礎的・基本的な事柄を確実に身につけます。

多くのみなさんが抱えている不安や心配は，「じょうずに授業づくりができるかどうか」「学習指導案を書く方法はどうしたらよいか」「児童生徒とじょうずに接することができるかどうか」などにあると思います。これらの不安や心配は決してみなさんだけが感じているものではなく，先輩たちも同じように感じてきたことです。教育実習事前指導では，こうした不安や心配を取り除くため，これまでに学部で学んできた教科教育法の講義を踏まえて，学習指導案の作成方法をインストラクショナルデザイン（ID：Instructional Design）理論に基づいて一から再確認していきます。

インストラクショナルデザインとは，授業はどうあるべきか（教授事象設計理論，教材設計理論），授業計画の作成プロセスはどうあるべきか（教授計画設計理論），教材の作成プロセスはどうあるべきか（教授構築設計理論），授業をどのように実施していくべきか（教授実施設計理論），評価プロセスは（総括的・形成的評価の両面から）どうあるべきか（教授評価設計理論）といったさまざまな側面に関連する設計理論を集合させたものです。教育実習事前指導では，インストラクショナルデザインの基本原理である ADDIE モデルに基づき，次のような授業設計の各段階における手法を学ぶことを通じて，教育実習に向けた基礎的・基本的な学習指導案が作成できるようになることを目指します。

- 分析（Analysis）：学習者の特性や前提知識，教える内容を分析し，学習目標を明確にします。
- 設計（Design）：教材研究を行い，教える内容の見取り図をつくります。
- 開発（Development）：単元計画や授業の流れをまとめ，教材や学習環境を準備します。

そして教育実習を通じて，ADDIE モデルの IE の部分に実践的に取り組みます。

- 実施（Implement）：指導案に基づき，用意した教材を使って実際に授業

を行います。

- 評価（Evaluation）：授業後の検討会等で授業を振り返ります。

　教育実習事前指導において，学習指導案作成に対する主な到達目標は次のとおりです。なお，本書中のそれぞれの概念の詳細については別誌に委ねます。また，《　》内は対応する図11-1の学習指導案の書き方（例）の項目に対応しています。

- ガニェの学習成果の5分類（知的技能，言語情報，認知的方略，態度，運動技能）に基づき，学習目標を書くことができる《ねらい》
- 学習者分析を通じて，学習のために必要な学習者の準備状態（レディネス）を把握することができる《授業の手立て》
- 授業や教材を構成する指導過程を，学びを支援するための外側からの働きかけ（外的条件）ととらえたガニェの9教授事象に基づき，1時間の授業を構成（計画）することができる。また，指導者が取るべき行動を注意喚起（Attention），関連性（Relevance），自信（Confidence），満足感（Satisfaction）の4つの側面でとらえたケラーのARCSモデルに基づき，学習意欲の観点から授業を設計・点検することができる《展開》

　先輩たちの多くは，学習指導案を文字で埋めることに一生懸命に時間をかけてしまい，「この発問の意図は何か」「なぜ児童生徒はこう発言すると思ったのか」「この発問や活動によって児童生徒のどのような反応が期待されるのか」など，児童生徒と授業をつくることに考えがあまり及ばず，授業本番で困ってしまったり，悩んでしまったりするケースが多くみられるようでした。そこで，実習指導教員との対話を通じて，授業づくりに向けた主体的で深い議論ができるようになることを願い，学部授業では学習指導案が図11-1のレベルまで書き上げられることを目標に据えています。具体的な教科の内容は教育実習や教科教育の指導法のなかで学んでいただくことになりますが，授業づくりの大前提は事前指導のなかで網羅的に学ぶことができることでしょう。

社会科学習指導案

授業日時　2020 年 6 月 5 日（金）第 3 校時
授業学級　2 年 A 組
授業会場　2 年 A 組教室
授業者　松本　太郎
指導者　長野　次郎　教諭

単元名：
「産業の発達と幕府政治の動き」
　　（全 6 時間扱い中　第 3 時）

（1）主眼（授業の手立て＆ねらい）

元禄文化は京都・大阪を中心に栄えたにも関わらず，化政文化が江戸から全国に広がっていった理由を考える場面で，資料「教育の広がり」「識字率」を読み取ることを通して，化政文化が寺子屋の全国設置により庶民の識字率が上がって本を読み旅行が増えたことで全国へ広がっていったことを説明することができる。

（2）展開

	学習活動	予想される子どもの反応	「授業者の主な発問」・※留意点・【教材】	時間
導入	1．資料を読み取り，学習問題を設定する。	ア　元禄文化の中心である京都・大阪から江戸に文化が移り，その後全国に広がっていったんだ。 イ　なぜ元禄文化は広がらなかったのに，化政文化は全国に広がったのだろう。	※資料「これまでの文化」「文化の広がり」を提示する。【パワーポイント】 ※「元禄文化は広がらなかった」など，元禄文化との違いに着目した考えを全体に広げ，学習課題を設定する。	5
	【学習問題】 なぜ，化政文化は全国に広がっていったのだろう。		※ワークシートを配布 「学習問題に対する予想を記入しましょう」【ワークシート】	
	2．学習問題に対する予想をたて，追究の見通しをもつ。	ウ　人の移動が増えていろんな人が江戸に来て文化に触れて地方に持って帰ったと考えた。 エ　化政文化の作品は安かったから多くの人が購入できたのかな。	※エのように，化政文化の作品の特徴に着目した考えを全体に広げ，学習問題を設定する。	10
	【学習課題】全国の人々の生活に着目して化政文化が広まった理由を説明しよう。			
展開	3．個人で資料を読み取り，分かったことをまとめる。	オ　資料 1 と資料 2 から，全国に庶民・町民を対象とした教育施設がたくさん作られ，庶民の識字率も高く，読み書きできる人が増えたことが読み取れました。 カ　資料 5 と資料 6 から，旅行ブームを引き起こすこっけい本があったことで，身分にかかわらず多くの人が神社参拝を理由に旅行に出るようになったみたいだね。	※資料 1〜6 を配布 「資料をもとに，化政文化の人々がどのような生活をしていたのか読み取りましょう」【ワークシート】	15
	4．グループで情報を構造化し，全体に発表する。	キ　私のグループは，資料 1〜6 から化政文化は庶民の識字率が上昇し，本を読める人が増えたことから全国に広がったと考えました。	「4 人グループをつくって，個人の考えを共有し図にまとめてみよう」 ※各グループで構造化しまとめた考えを，タブレット端末を用いて，電子黒板に拡大提示し発表させる。	15
終末	5．今日の学習を振り返り，分かったことをまとめる。	ク　化政文化は庶民の識字率が上がり，本が手に入りやすいことで旅行者が増えたから全国に広がっていったことが分かりました。 ケ　化政文化は国内のみならず多様な作品が全国に広がったことを学びました。	「授業を振り返り，分かったことをワークシートに記入しましょう」 ※洋学の流行に触れた感想を全体に広げ，次時の学習につなげる。	5
			【本時の評価（評価する対象）】 化政文化は寺子屋の全国設置により，庶民の識字率も上がり本を読んで旅行が増えたことで全国へ広がっていったことが説明できる（ワークシート）	

図 11-1　学習指導案の書き方（例）

2 教育実習事後指導

　教育実習事後指導では，みなさんが教育実習を通して学んだものを，教育実習前の自己の教育観，学校観，子ども観等と対比しつつ整理することによって，今後の学校教育や教師の課題を認識し，その後の学部における教育，研究に十分役立つように促します。

　教育実習を通じて学んだことは，アメリカの INTASC（Interstate New Teacher Assessment and Support Consortium：州間新任教師評価支援協会）が作成した新任教師向けの評価指標（スタンダード）にあてはめて振り返り（CCSSO, 2011：表 11-1），教職ポートフォリオにまとめます。そして，学部 4 年生の教職実践演習につなげていきます。

　ポートフォリオとは「紙ばさみ」のことを指します。教育実習のなかで学んだことや考えたことなどを記録として蓄積し，それを評価指標（スタンダード）にあてはめて自身の教師指標としての達成度を測ります。まさに根拠に基づいたエビデンスベースド（evidence-based）な評価を実現し，自他ともに自分自身の到達点を可視化することに役立つのです。

　リフレクションのあり方については別の章に詳説を委ねますが（15 章参照），教育実習を含めたすべての臨床経験は，一つ一つの活動を詳細な記録に蓄積し，そのたびに振り返り，得られた成果や考察を自分自身の経験と知識のなかに蓄

表 11-1　INTASC スタンダードと教育実習事前・事後指導の関係（CCSSO, 2011）

INTASC			教育実習事前・事後指導の
基準	構成原理	観点	内容
Std. 1	学習者と学習	学習者の発達	
Std. 2		学習の相違	多様な児童生徒への支援
Std. 3		学習環境	
Std. 4	内容	教科内容の知識	指導計画立案における教材研究
Std. 5		内容の応用	
Std. 6	指導実践	評価	目標・指導・評価の一体化
Std. 7		指導計画	指導計画立案における目標分析
Std. 8		指導方略	指導計画立案における目標分析
Std. 9	専門的責任	専門的学習と倫理的実践	教育実習の意義の理解と自己の課題の明確化
Std. 10		リーダーシップと協同	反省的実践家としての教師

えて築いていかなければ意味がありません。この観点に立ったとき，教育実習において大事なタイミングは教育実習本体ではなく，むしろ教育実習事後に行うリフレクション活動にあるといっても過言ではないでしょう。

Section 5 目指す教師像の再構築

　教育実習を通じて，また INTASC スタンダードに基づく自分自身の学びの到達度を可視化したことによって，みなさん自身が学部1年生のときに掲げてきた「目指す教師像」は憧れの先生像から現実の先生像へとシフトしてきたことでしょう。つまり，教育実習という一大イベントをクリアしたことによって，みなさん自身が感じてきた教師像は，教壇に立つリアルな1年後の自分を想像し，そのために真に必要な資質・能力とは何かをまじまじと感じるに至っているものと思います。

　残りの学生生活をどのように過ごすか。それを明らかにするためには，みなさんがこれまでに掲げてきた「目指す教師像」を再構築（アップデート）する必要があります。真に児童生徒と向き合った教師とはどんな教師か。いま一度，教育実習で学んだことや考えたことをもとに，自分自身を見つめ直してみましょう。

（森下　孟）

　　① 〈教育実習前〉　これまでの臨床経験を振り返って，教育実習ではどのような教師でありたいと考えますか。具体的に述べてみましょう。
　　② 〈教育実習後〉　教育実習を振り返って，いま現在あなたが考える「目指す教師像」を書きましょう。そして教育実習前に立てた教師像と，再構築した「目指す教師像」にどのような違いがあり，その違いがなぜ生まれたのかを考察してみましょう。

? さらに深めるには

●鈴木克明（監修）(2016)『インストラクショナルデザインの道具箱 101』北大路
書房
「経験と勘と度胸」や「自己流」から進化・脱却し，学習科学に基づいた教え
る技術の ID（インストラクショナルデザイン）へと誘うアイデア集。101 のア
イデアについて，解説と実践事例が見開きで示されています。

●稲垣 忠（編著）(2022)『教育の方法と技術 Ver.2：ID と ICT でつくる主体的・
対話的で深い学び』 北大路書房
授業のつくり方が ID（インストラクショナルデザイン）の考え方にならって
詳説されています。ICT を活用した学習指導案づくり，実践，振り返りができる
ように構成されており，現代の授業実践に即した内容となっています。

幼稚園・小学校での教育実習

教育実習に寄せる願い

　教育実習は，教師としての基本姿勢・所作ならびに学習指導の基本的な内容について実習する機会です。この実習期間中，配当学級を中心とした子どもとのかかわりや指導教員の姿を通して，教職への憧憬が深まり，"教師として立つ"意志を固めることができれば幸いです。

　子どもは未来そのものです。その未来を担う人づくりの使命を受けて，子どもたちのために献身的に教育に打ち込む教師という職業は，困難を伴うと同時にやりがいがあります。教育課題が山積するなか，社会からの期待も大きなものがあります。教育こそが未来を変えていくのです。

　教師が備えなければならない力はいくつかありますが，なかでも特に大切なことは次の諸点です。

図 12-1　子どもは未来そのもの

■ 「教育は人なり」の実感を

　教育は生きとし生けるものの邂逅です。教師が子どもを選べないと同様に，子どもたちも教師を選ぶことができません。子ども一人一人の自立に向かい，将来への生きる力を存分に培うためにも，出会いの機微を尊ぶとともに，"人生をいかに生きるべきか"の問いを，生涯にわたってもち続けてほしいと思い

ます。我が人生を愛おしみ，前向きに道を開いていく心意気の持ち主となって
こそ，はじめて他者に対する思いやりが生まれてきます。このことが「教育は
人なり」と言われるゆえんです。

　教育の基盤である学級づくりも，こうした教師の姿勢があってこそ深まって
いくのです。教師のひたむきな努力により，子ども一人一人が学校園生活に「居
場所・生き甲斐・存在感」を体感できるようであれば，弱い心や困難に負ける
ことなく，己の将来をも見定め，21世紀をたくましく生き抜いていく"生き
る力"が育っていくのです。

2 愛情を基底において子どもの立場に立った幼児・児童理解を

　学習の主体は子どもですから，個々の子どもに対して，いままでの習得の程
度や傾向，疑問やこだわり，つまずき，欲している内容などについて，的確に
とらえる力をもつ必要があります。その際の教師の姿勢こそが大切です。それ
には，子どもは誰しもいまある自分をより良いものにしていこうとする意欲を
もった存在であることを念頭に置きたいと思います。たとえある問題傾向が見
えたとしても，それを欠点としてとらえてしまう一面的な見方にとどまってし
まってはいけません。その子の生育歴や環境を含め，このような現れ方をする
のはどこに原因があるのかを思いめぐらせて子どもに接するという，いまある
姿を全人格として受け入れることができるあたたかな見方（カウンセリングマ
インド・共感的な絶対受容）が基盤になくてはなりません。子どもの立場に立
つ際に根っことなるものは，子どもに対する深い人間愛です。

3 教材に対する深い見方を

　教師にとって，授業を構想していくときに素材研究は欠かすことができませ
ん。素材の研究のなかでは，素材のもつ普遍性のある価値を明らかにしなけれ
ばなりません。ささいな事柄（学習内容）であっても，それを正しく，また，
より良いものとして教えることはたいへんなことです。

　正しくより良いものとして教えるためには，教材に対する研究を深めること
に最善の努力をしなければなりません。教材のしくみ（発達段階からの位置づ
け・身につけさせたい力・他教材や他教科との関連等）がわかってくると，子

どものとらえと教材の接点から，子どもたちが教材の追究を深める糸口や“つまずき”なども見えてくるものです。

4 　魅力ある授業・保育の創造を

　教材への見識と子どものとらえがあっても，学習は成立しません。教材研究からとらえた学習を深めるための内容と，子どものとらえから把握された解決したい課題意識や実現したい願いなどとの接点から，単元展開や1時間の授業・保育構想を立て，展開する力が必要となってきます。

　人間誰しも，年齢に関係なく日常生活のなかでさまざまな疑問やこだわりを抱き，時には解決したい欲求に駆られ，人に問うたり資料で調べたりします。子どもたちもしかりです。ゆえに，この知的探求心を学習成立の基盤として位置づけ，特に単元導入時ならびに1時間の導入時において，身につけさせたい力を踏まえた教材との出合わせ方を工夫し，学習課題を生むための疑問やこだわりを自覚させたいのです。ここを出発点とした，ともに学び合い追究し合う学習から，一人一人が「わかった。できた」という学習の醍醐味が感じ取れる魅力ある授業が生まれるのです。

　また，追究過程では教師は演出家であると同時に，演技者であることも必要となります。子どもの内に意欲関心を生ませる教師の豊かな感性は，日々のたゆまない研修と柔軟な心の働きのなかから生まれてきます。

5 　子どもの育ちに喜びを

　子どもは，日々育ちの姿を見せます。しかし，その育ちはわずかな変化であることが多く，ともすると見落としがちです。昨日と少しでも違った子どもの育ちや努力の姿を見つけたら，ともに育ちの姿を喜び合ったり，頑張ったことを認め合ったりすることをしていきたいと思います。そのことが，一人一人の子どもに学

図 12-2 　「先生，これ見て」

ぶことへの成就感をもたせ，さらには新たな学習への意欲へとつながっていくのです。

　教師にとって子どもの育ちを感じるときが，教職に就いた喜びや教師としての生き甲斐をもてるときです。どうか，配属となった学級での子どもの育ちを肌で感じ，教職への憧憬を深め「教師として立つ」意志を固めてほしいと思います。

Section 2 幼稚園実習

1 「幼稚園ってなあに？」

1. 学校教育のスタートは幼稚園から

　「学校」というと小学校からと思っていませんか？　幼稚園も学校教育法に基づく「学校」です。3歳から全国どこでも，共通の教育課程（幼稚園教育要領）に基づく教育が受けられます。

2. なぜ3歳から？

　3歳になると，子どもは，周りへの興味・関心，人とのつながりなどが急激に広がり，親への全面的な依存の状態から自立に向かいはじめます。幼稚園は，このような発達を踏まえて，はじめての集団生活のなかで，一人一人の良さや可能性を伸ばしていくところです。

3. 遊びは学びにつながる貴重な経験

　幼稚園では，小学校以降の教育と異なり，教科書を使わずに，「遊び」中心の活動を行っています。これらの「遊び」は，「国語」や「算数」などを学ぶことと同じように，子どもの将来にとって重要な経験なのです。

図12-3　遊びに夢中

2 「幼稚園ってどんなところ？」

1. 附属幼稚園の使命

　①幼児教育の理論および実際に関する研究を行う。

②研究は保育を通して公開し，幼児教育の発展に寄与する。

③学部学生の教育実習を行い，次代を担う教育者の育成に努める。

2. 教育目標

幼稚園での教育要領5領域（健康，人間関係，環境，言葉，表現）を踏まえ，子どもたちにとって幼児期にふさわしい体験の場となり，健康で安全な生活ができるように環境を整えることにより，集団生活を通じて自発性・自主性・社会性・創造性・道徳性などの芽生えを支えていきながら，園の教育目標に迫っていくようにします。

3. 保育内容

子どもたちの遊びを見ると，登園したあと，一人一人が，自分の興味・関心に手を伸ばし遊ぼうとします。そして，遊具や素材・友だち・クラスなどとのかかわりを深めながら，自発的・能動的に遊んでいきます。たとえば，

- 紐で回すコマ遊びをするなかで，じょうずに回すこつを身につけたり，仕組みに関心をもち，よく回るようにと自分なりに工夫したりしながら，コマ遊びを楽しむ。
- とろとろ石鹸遊びを続けていくなかで，このくらいの量を混ぜるとこのくらいの固さのものができるとの見当をつけたり，粉絵の具で色をつけたりして，アイスクリーム屋さんをはじめる。

遊びの種類はさまざまであり，3歳児から5歳児までが入り交じって，園全体に広がっていく姿もみられます。たとえば，

- 砂場で穴を掘ったり水を流したりしながら，砂に親しんで遊んでいく。この中から，近くにいる友だちとのかかわりが生まれ深まっていく。
- いろいろなお店屋さんがクラスで盛り上がり，みんなでお祭りをして，他のクラスの友だちも呼んできて楽しんでいく。

この他に，子どもたちの発達の過程や興味・ニーズ，および生活の流れなどから，子どもたちの生活に変化と潤いを与え，園生活をより楽しく生き生きとしたものにしていく集団的で実践的な場も考えていきます。たとえば，

- 歌をみんなで歌って音楽を楽しむことを大切にした音楽集会。
- 体を動かしたりみんなと同じ動きをしたりして，体を動かす楽しさを大切にした運動集会。
- スイカ割り，秋の運動会，誕生会，七夕会，お話の会，園外保育など。

Section 3 小学校実習

1 教育実習の実際

1. 学ぶ姿勢

○**子どもの姿に学ぶ姿勢**：授業が思いどおりにいかないときや子どもが思いどおりに動かないときに，子どもが悪いと考えてしまうことがあると思います。こんなときは，子どもの学習する姿から学ぼうとする気持ちが薄くなっているときです。どんな場合でも，子どもには，生き生きと学習を展開できる「学びの道筋」があります。それを探り当て，生かしていくことが授業であり教師の指導です。

○**ともに学び合う姿勢**：実習生は，お互いに尊重し合いながらも厳しくかかわり合うことが大切です。ここでいう厳しさとは，子どもの学びの姿を真摯に受け止めることです。子どもの具体的な姿に即した学びは，馴れ合いを排除し，厳しく教育者としてのあり方を問い合うことにつながります。そのなかで，ともに学び合うことの重要性を感じ取っていきます。

○**教職員の姿に学ぶ姿勢**：実習生は，教職員の姿に学ぶ姿勢が大切です。また，教職員も自己を振り返る場としています。

2. 成長の道筋

実習生の成長は，個々の実習生に即したさまざまな段階があるはずですが，同時に一つの道筋があるとも考えられます。

○**不安と期待**：実習に不安をもつのは当然です。でも，子どもと遊んだり，語

り合ったりするなかで，子どもとと
もに生活する楽しさを感じるように
なり，授業に対する不安が薄れ，子
どもとともに学習をしてみたいと思
うようになってきます。

図12-4 「負けないぞ」

○つまずき：授業は自分のイメージし
たものにはなりません。この経験が，
子どもに即した学習とは何かを考え
ていく契機になるはずです。自分な
りに子どもを見つめ，子どもの題材や課題に対する意識を考えて指導案や教
材研究に取り組むようになってきます。

○克服への努力：自分の授業を考えながら，子どもの学びの姿を真剣に見つめ
ていく時期です。他の実習生の授業観察にも，自分なりのテーマをもって臨
むようになってきます。さらに，研究会では，子どもの具体的な姿や事実を
もとに，子どもの学びの意識の流れを中心に授業を評価しようとします。そ
の学びの姿が，克服への努力の姿です。

○見通し：子どもの意識を考えた学習を構成することに楽しさを感じてきます。
たとえ，授業がイメージしたものにならなくても，その原因を考えて修正し
ていけるだけの余裕がうまれてきます。子どもが生き生きと学ぶ姿に喜びを
感じてくる時期です。

○創意・工夫：見通しの上に立って，子どもの姿を考えながら，教材研究や授
業の構成をするようになってきます。そして，胸をときめかせて授業に臨む
ようになります。

○希望：教職の楽しさや素晴らしさにふれ，教師になってみたいと思うように
なってきます。子どもや仲間とともに学びや暮らしをつくっていることを実
感し，自分が人としてどのように生きていくのかを考えるようになります。

2 教育実習生の心得

1. 観察実習について

ア　目的をもって児童・園児の活動やその指導のあり方を観察・記録し，事

後の研究会に備える。

　イ　他指導教員の授業・保育あるいは他学級を参観するときは，指導教員の承認を得る。

　ウ　観察実習中は児童に話しかけない。児童の観察に徹する。

2. 指導案，研究会について

　ア　指導案の提出方法は学校園によって異なる。

　イ　指導教員より指導を受けた事項をもとに指導案を修正し，授業を行う。研究会においては進んで討議し，その要点や指導教員の指導をメモする。

3. その他

　ア　教育実習生朝会に遅れたり講話中に居眠りしたり等で礼を失することのないようにする。

　イ　実習期間中や終了後に，学校外で子どもと会わない。

　ウ　園児・児童との物品のやりとりは，大小にかかわらずしない。また，抱き上げ，おんぶ，肩車，振り回しはしない。

　エ　指導教員や他の教育実習生について，児童・園児とともに批判を口にしない。

　オ　児童が着替えをする際は，実習生は別の場所で待機する。同じ空間にいることは絶対にしない。

3 先輩の姿に学ぶ

　「子どもたちの願いに沿って授業をしたい」「子どもたちの夢中になる姿を見たい」と授業を構想し，授業に臨んでも，なかなか思うようにはいきません。教師の都合に子どもを合わせて授業を進め，子どもたちの心が離れていってしまうこともあります。「なぜ，授業をするのか」「授業は誰のためのものなのか」と考えたとき，私たち教師は子どもに対して誠実でありたいと思うのです。その授業で

図 12-5　「先生，ありがとう」

自分が子どもたちと本当に味わいたいことは何だったのか，そのためにどんな方法で授業を進めていくことがよかったのか。自分の精一杯で授業準備に取り組み，授業を迎えていたか。授業中の自分の言葉，行動が，子どもたちにとってどうだったのか。授業中の子どもたちの姿から自分自身を振り返りたいと思います。そして，子どもたちの生き生きとした姿を思い描きながら，明日の授業を迎える。この繰り返しのなかで，教師は成長していくのです。

　実習とは，その人のその後の人生を大きく変えていく可能性にあふれています。いままで自分自身でも気がつかなかった，新たな自分を見いだしていく営みなのかもしれません。それは，私たちが子どもや仲間とともに学び育ち合うということなのだと思います。数週間の教育実習のなかで，自分自身を深く見つめていった先輩たちの姿に学びたいと思います。

　私たちも教師も実習生のみなさんの真摯な学びの姿から，日々の授業を見返し，自身のありようを問うています。教育実習は，私たちにとっても，大切な学びの場となっているのです。

最後の授業を終えて

　教育実習で行う授業が全て終わった。4週間の実習のなかで，学習材（本時の核になる支援）を考えたり，何度も指導案を書き直したり，時には授業がうまくいかなくて落ち込んだり，大変なことが何度もあった。でも，それ以上に子どもたちと共有する「授業」という空間にいる楽しさが大きかった。今までは大学で学生相手に行う模擬授業しかやってきたことがなくて，「授業をつくる」「授業をする」ということが好きではなかった。しかし，実際に子どもたちとつくっていく授業は模擬授業とはまるで違った。子どもたちのあのキラキラとした表情を知ってしまったら，授業づくりは「もう一度，子どもたちのあの表情を見たい」という一心で進んでいった。つらいこともたくさんあったけど，不思議と嫌ではなく，「授業」というものが好きになった。実習を通しての自分の一番の変化はそこだと思う。勿論，まだまだ未熟で，改善すべき点ばかりだが，これからは，この実習で学んだことがモチベーションになっていくと思う。

（宮下昭夫）

①なぜ教師を目指そうとしたのか，そのきっかけとなるエピソードを
　400字程度にまとめてみましょう。迷っている人は，なぜ迷っている
　のかを言葉にしてみましょう。
②身近な先輩から教育実習の感想を聞いてみましょう。4年生は教職に
　就いている先輩から話を聞いてみるのもよいでしょう。
　不安に思うことがたくさんあると思います。友だちと語り合ってみま
　しょう。また，研究室の先生や教育実習校の指導教員に自分の思いを
　語ってみましょう。

Chapter 13

中学校での教育実習

Section 1 教育実習のねらい

　教職を目指すみなさんが，実際に教壇に立ち，児童生徒に教えるという行為を通して，教師としての姿勢や態度を学んでいく重要な機会が教育実習です。これは，教育職員免許法施行規則第2条に規定され，教員養成カリキュラムの根幹の位置を占めており，信州大学では学部3年生に行われます。

　ガイダンスや事前指導で行った内容をもとに，授業をはじめとする学校生活で児童生徒とかかわるなかで，「教える」という行為のもつ多様な意味を，自らの行為と児童生徒の反応の双方から体験を通して学び，教育に関する理論と実践を「臨床の知」として融合させることが大きなねらいです。

　教育実習では，教師としての基礎的な資質や能力，指導技術などについて理解を深めます。具体的には，教科等の学習指導，生徒指導，学級経営などの実際とその意味などについて，実践を通して学んでいきます。

　児童生徒と真摯に向き合い，教育的愛情に目覚め，教師としての使命感とは何かを考え，教育活動に対する責任の必要性を自覚することが大切です。すなわち，教育実習は，単なる経験や練習ではなく，教師としてのものの見方や考え方，態度や心構えなどを身につけ，教師としての学びの履歴を蓄積していく第一歩になります。

図 13-1　教師として教壇に立つ

Section 2 中学校での教育実習

まず，Ａさんが中学校での教育実習を振り返ってまとめた文章を紹介します。

　　実習を振り返ると，大学の授業では得られない，現場だからこその学び
が多くあったと思う。学級指導では，学級の生徒全員と話すことや，休み
時間や授業内での生徒の様子についてよく観察することの必要性を知るこ
とができた。特に，学級の生徒全員と話すことに関して，中学生は教師か
ら積極的に話しかけなければ，あまり話をしてくれないとともに，その生
徒がどのような生徒なのか，どんなことを考えているのかが分からないと
感じた。そのため，朝や昼の休み時間などを使って，毎日できる限り多く
の生徒と話をしようと意識をした。

　　最初は自分から話しかけるのは勇気が必要で，どんな話をしようか迷っ
ていたが，毎日続けることによって，話題が見つかったり，勉強や趣味の
話など多くの生徒と深い話ができたりするようになっていった。また，次
第に信頼関係を築くことができ，生徒からも話しかけてくれるようになっ
た。毎日，話していくにつれ，その生徒がどのような生徒か少しずつ分かっ
ていき生徒理解が進んだとともに，社会科が苦手な生徒だと分かれば，授
業中に優先して机間指導をするなど授業にも生徒との関わりを生かすこと
ができた。今後も，生徒と多くの話をし，関わることを通して，信頼関係
を築き生徒理解を進めていきたい。

　　教科指導では，授業づくりの「型」を学ぶことができた。実習初日まで
に自分で作成した指導案や資料と，授業4回目の指導案や資料を見比べる
と，4回目の方が資料の質が高く，資料を入れたねらいがはっきりとして
いた。また，生徒に何を学んでほしいのかという教師の願いや思いも強く，
そのクラスの生徒を想定した授業になっていたと思う。この変化は，教科
指導で，授業づくりの「型」を一から学び，自分がしたい授業が明確になっ
たとともに，目の前の生徒を想定した授業づくりを少し掴むことができた
からだと考えた。また，教科指導で，導入の大切さを再認識することがで
きた。導入でいかに生徒に「なぜ」という疑問を持ってもらうのかが授業
のポイントであり，教師の技量が試されると思うので，より良い導入がつ
くれるように色々な工夫をしていきたい。

　　また，実習では，教科担任に関する理解も深まった。1時間は授業をす
るクラスを受け持つ担任であるという意識を忘れず，1人の生徒も取りこ
ぼさず，見捨てない授業ができるように今後も学びを深めていきたい。

多くの実習生がＡさんと同じような思いで中学校での教育実習を振り返りま

す。それは，中学校では教科の専門性に力点をおいて，授業を中核に据えた教育実習が行われるからです。中学校と小学校との大きな違いは，各教科の授業を教科担任が行うことにあります。中学生の時期には，各教科の本質につながる魅力や面白さを，生徒に味わわせることが大切です。みなさん自身を振り返ってみて，好きな教科の感情が生まれたのは中学生の頃の人が多いのではないでしょうか。中学校の教育実習の中心は授業づくりにあり，日常生活での生徒とのかかわりについても授業に生かすことを意識してほしいと思います。

　「教科を教える」——この言葉には重みがあります。実習生も，生徒にとっては「○○科の先生」です。そこで，実習中に担当する単元・題材については，かつてこれほど勉強したことがないというくらい徹底して専門性を高め，教壇に立ってほしいと思います。さらには，その延長として，みなさんがもっている（感じている）教科の魅力を，生徒に伝えられることを期待します。実習を終えるとき，「○○先生の△△（教科）楽しかった・面白かった」，そんな言葉が生徒から返ってきたとき，教職のやりがいを感じるでしょう。

　以上のことから，ここでは，「授業」に焦点を当て，「授業をつくる」「授業を観る」に注目して，教育実習の要点を述べていきます。

Section 3　授業をつくる

　学習指導は，単に知識や技能を身につけることを目指すものではありません。生徒一人一人が，自己を取り巻く学習対象である「ひと・もの・こと」に繰り返し働きかける行為のなかで，生徒自らが学ぶことの根源的な楽しさを味わっていく営みです。生徒がこの営みを通して，基礎的・基本的な知識および技能を身につけ，「これらを活用して課題を解決するために必要な思考力・判断力・表現力その他の能力をはぐくみ，主体的に学習に取り組む態度を養う」（学校教育法第30条2）ことが，学習指導の基本です。

　学習指導にあたっては，教材研究，単元構想，1時間の授業構想という過程で準備を進めます。この過程は，段階的に進めることもできますが，実際には，それぞれの過程を行きつ戻りつしながら，修正・改善を加えて，より良い計画を立案していく場合が多くなります。「教材研究」「単元構想」「1時間の授業

構想」という3つの準備のいずれが欠けていても，ねらいに迫る授業にならないので，緻密な準備が大切です。

1 教材研究

　教材研究は，「生徒理解」と「素材の研究」の両面から進めます（図13-2）。生徒理解では，知識・技能，追究の方法等の定着の程度や，どのような見方や考え方をするのかなど，これまでの学習の様子から生徒一人一人の実態をとらえておきましょう。また，生徒がどんなことに疑問や憧れをもったり，解決したいと思ったりするのか，今後どのような変容が期待できるのかといった，これからの生徒の学びの行方にまで思いを馳せることも大切です。常に生徒を真ん中におき，その生徒の具体的な姿から学習指導を構想していく姿勢は，教師に求められる不易な資質・能力といえます。

　また，素材の研究では，教師自身が素材の本質的な価値を味わいながら，教科のねらいに沿うものであるかを見極めましょう。そして，生徒にとって興味・関心が高く，継続的・発展的に追究できるものであるかどうかという視点で，まずは教師がとことんその素材研究に取り組みましょう。

　生徒が学ぶことの楽しさを味わいながら，資質・能力を育んでいけるかどうかは「素材の研究」にかかっています。生徒の実態を理解したうえで，教師が素材に見いだした価値に，生徒がどのように主体的に迫っていけるのか，授業における追究方法や学習場面，学習形態などを具体的にイメージしましょう。

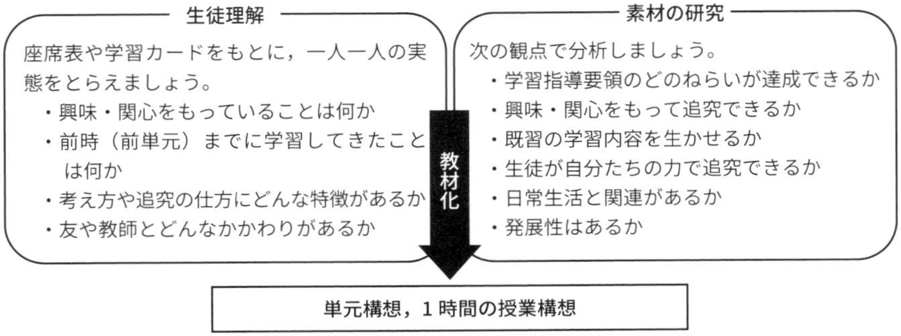

図13-2　教材研究の進め方

2 単元構想

　単元の構想では，教材研究で見極めた教材の魅力（価値）へと生徒が主体的に迫っていくための過程と，生徒の行動を引き出すための教師の具体的な支援を構想していきます。

　導入では，素材の本質的な価値にふれることのできる場面を設定するなど，生徒が疑問や憧れ，解決したいという「問い」をもつことができるような出合い方を大事にします。

　展開では，生徒が導入場面でもった「問い」の質の変容やつながりを大切にします。そして，生徒が「問い」を解決するためにはどんな活動がふさわしいのか，具体物は何がよいか，どんな新たな「問い」を生徒はもつのかなどを吟味しながら構想します。大切なことは，生徒が主体的に取り組み，新たな見方や考え方を身につける楽しさを実感していけるような流れをつくることです。

　まとめでは，単元を通してわかったことやできたことなどを生徒が実感し，自らの高まりを自覚できるようにしましょう。その際，単元全体で感じたことや考えたことを味わい直すことができる時間や場面を確保しながら，生徒自身で学ぶ楽しさを価値づけることができるようにすることが大切です。

3 1時間の授業構想

　一般的に，1時間の授業の過程を，ねらいを明確にし，追究し，まとめる，という3段階で構想します（図13-3）。

1. ねらい（課題を設定する段階）

　導入は，一人一人の生徒が教材や事象との出合いを通して，「学習問題（課題）」を設定する段階です。教師は，本時の到達目標（ねらい）を明確にして授業に臨み，「学習問題（課題）」を黒板等にわかりやすく示しましょう。その際，一方的に教師から示すのではなく，前時までの生徒の思いや願いをつぶさにとらえ，生徒が「やってみたい」「何とかしたい」などの追究意欲をもてるよう，発問等を工夫しながら，生徒とともに学習課題を設定しましょう。

2. めりはり（追究する段階）

　次に学習課題を追究するために，方法を探り合い解決していく段階です。教師が願う生徒の姿の実現を目指して，触れたり，かかわったり，感じたり，考

えたりしながら全身を使って追究する
場面を設定することで，実感を伴った
理解をアシストしましょう。たとえば，
体験する，具体物を示す，ICT を効果
的に活用するなど，さまざまな工夫が
考えられます。また，個人でじっくり
と考えを練り上げる場面や，小グルー
プや全体で意見を共有する場面を学習
に位置づけるなど，個々の発想を十分
生かしながら，生徒たちが同じ目的に
向かって追究するための工夫を取り入
れましょう。これによりめりはりが生
まれます。大事なことは，「生徒はど
んな活動のなかでどんな気づきを得た

図13-3　長野県教育委員会資料より

り，どんな壁にぶつかったりするのか」などと，常に生徒の姿や意識を中心に
して構想し，それをもとに支援を具体化することです。

3. 見とどけ（まとめる段階）

最後に，事象に出合い，課題を設定し，課題解決をしてきた1時間を振り返
る段階です。授業の終結では，ねらいの達成を確実に見とどける必要がありま
す。また，今後の学習への見通しをもつことで，次時のねらいが見えてきます。

Section 4　授業を観る

教師は，生徒が「楽しかった，できた，わかった，身についた」などと実感
できる授業にしたいと願い，日々努力しています。これを実現するためには，
授業の記録や事実に基づき，多くの観点から客観的に授業場面を分析し，次の
指導に生かしていく営みを日常的に実践することが大切です。それにより，生
徒を観る眼，生徒との接し方，支援のあり方，素材を教材化する力など，授業
をつくりあげていく力が伸長され，それが生徒の資質・能力のさらなる育成に
つながっていきます。以下に示したことに真摯に取り組んで，教育実習を通し

て授業を観る眼を養っていきましょう。

① 授業を参観する前に

1. 学習指導案を熟読する

　授業参観前には，必ず学習指導案をよく読み，大事な箇所にはアンダーラインを引いたり，自分なりの解釈や疑問点などを書き込んだりして，参観の準備をします。生徒が育むべき資質・能力に寄せて，授業者は１時間の授業のなかで手立てを工夫しています。そこで，どのような生徒に，どんな教材を使って，どんな手立てで，どんな力をつけさせようとしているのかを，本時の展開に即して読み取りましょう。

　また，本時を成立させるためには，前時までの生徒の課題意識や願いを的確に把握しておかなければなりません。そのために，単元展開や座席表から生徒の意識を読み取っておくことも大切です。

2. 授業参観への心構え

　参観者は「授業者から学ばせていただく」という謙虚な姿勢で授業に臨みましょう。授業者と生徒とのかけがえのない１時間の授業を見せていただくのですから，それにふさわしい服装や態度に留意しておくことも大切です。

② 授業の参観中に

1. 生徒と学習対象とのかかわりを観察する

　漠然と全体を眺めるのではなく，学習指導案や座席表，また実際に生徒を見て，授業で注目したい生徒を一人決めて参観に臨むとよいでしょう。表情や表現が豊かな生徒を選ぶと，意識の変化を読み取りやすくなります。授業の進行の邪魔にならないように配慮しながら，生徒の表情や動きが見え，つぶやきが聞こえる位置に立ち，生徒の目線の高さを意識して，生徒と学習対象とのかかわりを観察します。

2. 教師の手立てや支援が生徒の学びにどう生かされていたのかを考察する

　仮に，B生徒に注目しようと決めたならば，教師とB生徒とのかかわりや，B生徒と他の生徒や全体とのかかわりを丁寧に観察します。生徒の心の動きは，視線，表情，つぶやきに表れることが多いので，わずか

な変化を見逃さないようにしましょう。
そして，次の点を大切にしましょう。

図13-4　授業研究に欠かせない授業記録

- 教師の発問に対して，どんなしぐさや動きをしたか，どんなつぶやきや表情をしたかを，B生徒の反応と追究の様子から把握し考察する。
- 机間指導の前後でのB生徒の反応を比較し，支援が与えた影響を考察する。
- 1時間の授業の流れが，どのように板書に表れているか，またその流れのなかで，B生徒がどのように資質・能力を育んでいったのかを，表情や動き，学習カード等から把握する。
- B生徒が他の生徒とどのようにかかわって思考を深めていったのかを，発言や表情，動き，学習カード等から把握する。

3. 観察をしながら代案を考えたり，新しい対応を探り出したりする

　授業者の意図を肯定的にとらえながら，「自分が授業者だったらどうするか」と，授業者の立場で考察しつつ授業記録をとりましょう。それぞれの場面で，記録した生徒の姿をもとに，「自分ならばここではどのように支援するか，どう発問するか」と，指導の手立てをさまざまに思い描き，その場でメモしておきます。

　また，前時までの教材や授業展開に改善点を見つけることも考えられます。生徒がこの授業に必要性を感じて臨む展開になっていたかを，授業の生徒の姿から考えることが大切です。このような積み重ねは，授業を観る力となり，ひいては自分の授業をつくりあげていく力をつけることにつながっていきます。

4. 授業記録のとり方

　授業研究には，その授業における教師や生徒の実際の姿を綴った授業記録が必要です。授業記録をもとに，互いが事実をもって意見を述べ合い，より良い授業のあり方を考え合います。また，授業記録を積み重ねていくことにより，授業の観察力や分析力も高まっていきます。しかし，何もかも記録しようとすることには無理があります。記録に追われて観察がおろそかになることは避けなければなりません。

授業研究に生きる授業記録にするために，以下の点を参考にしながら自分の記録法を工夫していきましょう。

○授業展開に合わせて，考察を書き加える：教師や生徒の動きを見て，疑問に感じたこと，なるほどと納得したことなどがあったら，忘れずに書きとめておきましょう。授業を分析する大き

図13-5　窓口となる生徒を決めて観察

な手がかりとなります。授業の考察を授業後にまわすのではなく，リアルタイムで行えるように努力しましょう。場面ごとに考察を書き加えておくと，授業分析に役立ちます。また，あとで見返したり他の参観者と共有したりするために，忘れずに時間の経過を記録しておきましょう。

○教師の言葉や動きを記録する：教師の発した言葉をできるかぎり記述しましょう。机間指導の様子や教師の動きもできるだけ記録しておきましょう。なお，授業はどんどん進んでいくので，10章で述べたような，B（板書），T（教師），S（生徒），G（グループ）など，自分にわかる記号を工夫して，素早く記録できるようにしておくことも重要です。

○生徒の動き，反応を記録する：教師の発問に対する生徒の発言，挙手，表情などを記録します。その場合，全体の場での発言のみを追っていても，表面的な把握になってしまいます。そこで，先に述べたように，観察の窓口となる生徒を選び，その生徒を中心にして，全体や他の生徒とのかかわりを追うようにします。つぶやきやちょっとしたしぐさ，教師や他の生徒の発言に対する反応などの記録が，授業後の考察で示唆を与えてくれることが多くあります。

　授業の終結時での学習カードへの記述の様子についても記録しておきましょう。どんなことから書きはじめるのか，書いては消していたことは何か，何を迷っていたのかなどから，生徒の本音に迫ることができる場合もあります。これらの点に気をつけ，全体の場での発言と絡めながら，窓口となる生徒の動きを丹念に観察し，記録していきましょう。

○板書や提示された資料，教材を記録する：どの場面で，どのような教師の板書や資料の提示があったかを記録します。特に，板書は授業の一連の流れを

示しているので，授業を追って，板書全体を記録しておきましょう。また，ICT教材の利用，教室環境（掲示物，授業形態など）の工夫といったことも記録しておくと参考になります。

〇**全体を考察する**：以上のような記録をとったあと，全体考察を加えます。それは主として，次の点から考えてみるとよいでしょう。

- 本時のねらい（主眼）に照らし合わせたとき，本時の授業展開によって，ねらいが達成されていたか。
- 生徒の実態とねらいから見て，教材研究が適切であったか。
- 生徒の動きや姿から見て，教師の支援が適切であったか。
- 今後，自分の課題として考察を深めたいことは何か。

（北澤嘉孝）

①あなたが担当する教科について，中学2年の教科書から単元を一つ選び，その単元と関連する1年，3年の学習をまとめることで，その教科の3年間を貫く見方・考え方を明らかにしてみましょう。
②実習生どうしで参観した授業について，授業のねらいが達成されたかどうかを，窓口となる生徒の記録をもとに話し合ってみましょう。

Chapter 14

特別支援教育のための臨床経験と教育実習

Section 1　特別支援教育と臨床経験

みなさんは，長野県にある開智学校の名前を聞いたことがあるでしょうか。1873年（明治6年）に現在の松本市に開校した学校です。現在でも松本市立開智小学校としてその歴史は続いています。開智小学校の隣の敷地には明治時代の文明開花を象徴する擬洋風建築として国宝指定された旧開智学校（松本尋常小学校）があります（図14-1)。実は，開智学校に併設された師範講習所は変遷を経て，現在の信州大学教育学部とつながっていきます。みなさんも，もし機会があればぜひ旧開智学校を見に行ってください。

さて，特別支援教育に関連する話に移りたいと思います。開智学校には，1890年（明治23年）に落第生学級が設置されました。学級名に関しては現在では適切な名称とは言えませんが，設置の目的としては多様な子どもたちの教育ニーズを提供する画期的な試みでした。そして開智学校のこの学級は，我が

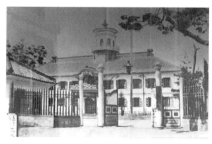

図14-1　旧開智学校校舎（国宝旧開智学校校舎資料より）

特殊学級のはじまり

ここでの特殊教育は、身体的・環境的な理由で学校に通うことや、授業についていくことが難しい児童たちを対象にした教育のことをいいます。

開智学校では、明治23年（1890）4月に優等生より順に甲乙丙…と分ける学級編成が行なわれました。最下級のクラスに学年中最も優秀な教員を担当させるこの編成は、日本初の取組みと評価されました。しかし、児童間の侮蔑を誘発する等の問題が発生し、4年後に廃止となりました

その後、明治41年に開智学校に「劣等児」によるクラス「第一学級」が誕生します。「第一学級」に編成されたのは、「成績不良」や「栄養不良」といった児童たちで、訓導輪湖卓三が担当となり教育がはじまりました。輪湖は「一般ノ児童ヨリ能力ノ劣ッタ児童ノ将来コソ其ノ運命ノ程ガ察セラルル」と、並々ならぬ熱意をもってこのクラスの教育に当りました。

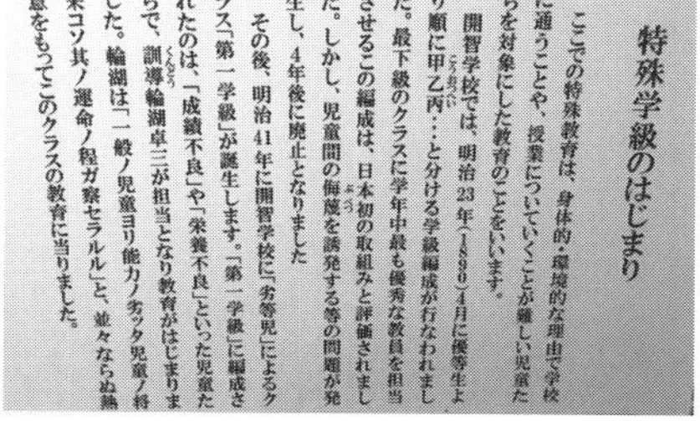

図14-2　特殊学級のはじまり（国宝旧開智学校校舎資料より）

国における知的障害のある児童のための特別支援学級のはじまりであると歴史的に位置づけられています（図14-2）。

当時は，身体的・環境的な理由（貧困など）で学校に通うことや，授業についていくことが難しい児童を対象として教育を行っていたようです。この時に学年中最も優秀な教師をこの学級の担任としたのですが，能力別の編成は児童間の侮蔑を誘発するなどの問題が起きて，4年間で廃止となっています。

優秀な教師が担任になるというところから，多様なニーズのある児童を教育することへの熱意と困難さが垣間見えます。一方で，学力や学習環境，児童どうしの関係性など，学級経営は総合的に考えていく必要があるという現在への教訓に富んでいると同時に，理論だけでは予想できなかった実践からの知見を示唆するような出来事だと考えられます。その後，1896年（明治29年）には長野尋常小学校が晩熟生学級を設け，尋常科4年分の教科を5年間かけて学ばせる方法を試みています（文部省，1981）。長野尋常小学校のこのような試みは，信州大学教育学部がある長野市内の城山小学校，後町小学校（残念ながら廃校になっています），鍋屋田小学校に引き継がれていきました。

このように長野県では，国内でもいち早く知的障害のある児童への特別支援教育を学校で実施してきた経緯があります。歴史を紐解けば，多様なニーズのある児童への教育の熱意，実践の困難さと気づきなどを長野県は古くから積み重ねてきた地域で，みなさんにはこの特別支援教育の知と実践について学んでほしいと考えます。

さて，信州大学教育学部では，実践的な知の体系として「臨床の知」を学ぶために特別支援教育実習に加え，附属特別支援学校で実施する多様な臨床経験科目を用意しています。特別支援教育に関連する臨床経験科目は，「げんきクラブ（教育臨床演習）」「特別支援学校インターンシップ（教職実践演習）」などがあります。

Section 2 附属特別支援学校について

それでは，教育実習や臨床系科目の実習校となる信州大学教育学部附属特別支援学校について紹介したいと思います。附属特別支援学校は，1965年（昭

和40年）に信州大学教育学部の敷地にあった附属長野小学校に特殊学級が開設されたのがはじまりです。その後，1975年（昭和50年）に附属養護学校として独立し，1979年（昭和54年）に現在の敷地へと引っ越しました。そして，我が国が特殊教育から特別支援教育に移行するに合わせて2008年（平成20年）に名称が変更され，現在の附属特別支援学校となりました。学校の教育目標は「自らの力をじゅうぶん発揮し，主体的に取り組む生活を今と将来にわたって実現する児童生徒の育成」です。知的障害のある児童生徒が対象で，小学部3学級，中学部3学級，高等部3学級，全部で9学級の編成となっています。

　附属特別支援学校の使命と目的の一つに，信州大学教育学部の学生の教育実習の指導をするとあります。みなさんは，長年にわたって蓄積された教育実習の知見とともに附属特別支援学校の先生方による丁寧な指導を教育実習で受けることができます。

3 げんきクラブでの活動

　それでは，まず2年生の臨床経験科目である「げんきクラブ（教育臨床演習）」を紹介したいと思います。

1 げんきクラブの概要

　げんきクラブは，特別支援教育コースに所属する学部2年生が中心となって企画・運営する信州大学教育学部附属特別支援学校での放課後クラブ活動です。附属特別支援学校の児童生徒，学生，児童生徒の保護者，附属特別支援学校の教師で協力して行っています。例年5月から12月まで活動しており，放課後クラブ活動を通じて知的障害のある児童生徒とのかかわり方を学びます。放課後クラブ活動は教育実習のように授業を学生が行うものではなく，児童生徒の余暇活動ですので，楽しく安全にクラブ活動を行うこと

図14-3　生活単元学習の様子

に重きをおいています。参加する大学生にとっては自分たちがやらせたいことではなく、児童生徒がやりたいことを支えるための理解と知識を身につけること、教材づくりや活動の企画を通して、仲間との協働や必要な知識と技術を身につける大事な機会となっています。

2 げんきクラブの活動内容

　げんきクラブで毎回どのような活動を行っているのか紹介します（図14-4）。まず、小学部の児童を対象とした「プレイルーム」での活動では、リズム遊びやしっぽ取りなどの動的な遊びと、紙芝居や工作など静的な遊びを多数用意しています。知的障害のある児童にとっては集団で同一の活動を行うことが難しい場合があり、児童のニーズに合わせて活動を考えていきます。最近はしっぽ取りのあとに、お祭りの縁日のようにいろいろなアクティビティを準備して、活動を工夫しています。

　中学部と高等部の生徒たちは、「うんどう」「おんがく・ダンス」「ゲーム・クラフト」の3つから参加したい活動を選べます。「うんどう」は、体育館や校庭で身体を使ったスポーツやゲームをします。サッカーやバスケットボールが人気です。最初に練習をしたあと、ビブスをつけて試合を楽しみます。「おんがく・ダンス」は、生徒がよく知っている、好きな曲を選んで、それに合わ

対象	時間	クラブ	場所		内容
小学部	14:50 -15:50	ぷれいるーむ	プレイルーム・活動室		プレイルームでは、リズムあそび、おにごっこ、うたあそびなどの、にぎやかなかつどうをします。 となりの活動室では、学生とえほんをよんだりこうさくなどをします。
中学部高等部	15:00 -15:50	うんどう	体育館またはグラウンド		身体を使ったゲームや、みんなで大なわとび、スポーツなどを行います。
		おんがく・ダンス	音楽室		歌やダンス、楽器演奏などを楽しみます。オリジナル楽器も作るかもしれません。
		ゲーム・クラフト	集会室		すごろく、ボーリング、げきあそびなどのゲームをしたり、絵をかく、作品を作るなどして楽しみます。

図14-4　げんきクラブの活動内容

せてダンスをします。生徒によって好みも違いますが，J-POP や K-POP など
が人気です。学生より生徒のほうがダンスがじょうずな場合もありますが，振
り付けが難しいものは学生がオリジナルの振り付けを考えて動画などをつく
り，それを生徒と見ながら踊っています。「ゲーム・クラフト」は，生徒が自
分でつくったものを最後にみんなで遊ぶのがコンセプトです。ボーリング，凧
あげ，季節の飾り物，ぐらぐらゲームなどをつくって遊びます。生徒たちが集
中してつくっているのが印象的です。

3 げんきクラブを経験した学生から

最後にげんきクラブの活動について振り返りを行った学生の文章を紹介します。

> 講義で学んだことをげんきクラブで実践できたのが成長につながったと
> 感じる。ほかの授業で子どもの発達段階がどのような状態であるのかであっ
> たり，子どもの行動に対してどんな風に対応したらよいのかを学び，それ
> を実際の子どもたちをみたり接したりして身に付けることができた。自分
> の行動や子どもたちとの遊びにもきちんと理由をもって，それが教育とし
> てどんな意味を成すのか考えて活動できるようになった。それから，子ど
> も対応について大学生同士で話し合い，いまの子どもにとって何が必要な
> のか考えることができてよかったと思う。

> 子どもたちと実際に活動を一緒に行い，コミュニケーションをとった
> り，様子を観察することを通して，特別支援学校の様子が少しわかってき
> た。大学の講義だけでは得られない情報や，その場にいるからこその気づ
> き，学びというものが多くあったと感じている。また，自分に足りないこ
> と，自分はこれから何をすべきか，何をしたいのかといった将来に向けた
> 考えを具体的にすることができたと感じている。その点で，非常に私にとっ
> て価値の大きい経験であったと思う。

> 子どもの特性も，それに対応する自分自身の行動も子どもたちの数だけ
> あるということが身にしみて感じられた。ある特性や障害の名前だけでそ
> の子は判断できず，実際に保護者の方からの情報や先生方からのアドバイ
> ス，そして子ども自身とのかかわりの中で正しい行動が見えてくると思う。
> それを踏まえて，一年間を通して一対一の場面でしっかりとよく見てから
> 考えて行動することができるようになったと感じる。ただ一緒にいるだけ

では教師として意味をなさない。一つの行動の中でも子どもの学びとなるような動き，そして信頼関係を築けるような雰囲気づくりが最も大切だと学んだ。

　学部2年生がげんきクラブの活動を通して，大学での講義と臨床的な活動を往還させながら学んでいる姿が如実に表れている文章だと感じます。これからの大学での学びや特別支援教育実習に向けて大きな推進力となっています。

Section 4 特別支援教育実習

1 特別支援教育実習のねらい

　学部3年生では，いよいよ特別支援教育実習が実施されます。さっそく，この特別支援教育実習の目的について説明したいと思います。令和4年度教育実習の手引き「特別支援教育を志すあなたへ」（信州大学教育学部附属特別支援学校，2022）には，附属特別支援学校における教育実習の目的や意義として3つの事項があげられています。

> 　第一は，本校における教育の営みに触れることを通して，教育の根源的意味を学び，教育とは一人一人の児童生徒にかかわるときに成り立つことが感得できるということである。
> 　第二は，各教科等を合わせた指導を行う教育課程の実際を学ぶことができるということである。本校では，小・中学校で行っている，教科の系統性に基づく教育課程ではなく，各教科等を合わせた指導を行う教育課程を編成している。実習を通して，この教育課程の必要性とその指導法を体得することができる。
> 　第三は，児童生徒の生活・学習・行動・情緒などについてさまざまな気づきや理解を得ることにより，全ての児童生徒が掛け替えのない人格をもっていることを実感できるということである。児童生徒は，精一杯毎日を生きている。実習に際しては，児童生徒の成長を大事に捉え，育む心構えが必要である。実習が単なる実践の試みや練習で終わることのないよう，教員の指導の下で最善を尽くし，児童生徒のために誠実な態度で，自覚と責任をもって実習に臨むことが求められる。
> 　実習生は，教育の仕事の尊さを身をもって感得するとともに，教育の実践者として互いに磨き合う教員の姿にも目を向け，教育者としての在り方も学びたい。

このようなことを背景に，教育実習のねらいは以下のように設定されています。
①特別支援教育を実践している学校の特徴（教育課程の編成を含む）を理解する。
②障害のある児童生徒の理解を深める。
③障害のある児童生徒に対する支援のあり方および教育者の姿勢を理解する。
④障害のある児童生徒の教育における理念や教育者の使命を感得する。
⑤特別支援教育を実践するにあたっての自己の課題を見いだす契機とする。

　特別支援教育の基本的な考え方として文部科学省（2007）は，「特別支援教育は，障害のある幼児児童生徒の自立や社会参加に向けた主体的な取組を支援するという視点に立ち，幼児児童生徒一人一人の教育的ニーズを把握し，その持てる力を高め，生活や学習上の困難を改善又は克服するため，適切な指導及び必要な支援を行うものである」と通知しています。また，この通知では，「特別支援教育は，障害のある幼児児童生徒への教育にとどまらず，障害の有無やその他の個々の違いを認識しつつ様々な人々が生き生きと活躍できる共生社会の形成の基礎となるものであり，我が国の現在及び将来の社会にとって重要な意味を持っている」と特別支援教育が果たす役割についても言及しています。
　これから教育実習を行うみなさんには特別支援教育およびインクルーシブ教育を担うものとして先輩である附属特別支援学校の先生方の姿から多くのことを学べると思います。附属特別支援学校では，教師は「共同生活者」として児童生徒とともに願いの達成に向けてともに遊び，ともに活動し，ともに作業する存在であると位置づけられています。このような教師のあり方は大学の講義では学べない臨床の知となります。そして，実習生も同様に「共同生活者」として児童生徒の願いや学びに寄り添い実習にあたることが期待されます。

図 14-5　実習中の児童とのやりとり

2 体験実習

　特別支援教育実習が本格的にはじまる前に附属特別支援学校の児童生徒の様子や授業を参観し，特別支援学校の一日の流れを知るための体験実習が実施されます。体験実習の目的は，教育実習に向けて自己の課題を見いだすことです。参観後に学級担任の先生方と懇談会がありますので，先生方の話を聞いたり，振り返りをすることで，自分の課題を深めていってください。以下は，学生の体験実習後の振り返りの文章です。

　体験実習を経て私には子どもの本当の想いをくみ取る力が足りないと痛感した。先生方との振り返りで生徒の願いを考える上で生徒の様子を観察する必要があると学び，私は教育実習に向けて生徒の観察を十分に行えるように研鑽を積む必要があると考えている。もし支援が上手くいかなかった時に，その行動が起こったきっかけをすばやく見つけ，そこを糸口に子どもの想いを把握できればその願いを叶える環境を適切に整えることができる。子どもの行動には必ず理由がある。どんな時に何が起きてどうなったかを注意深く観察し，そこから行動の背景要因や誘発要因を見つけていく。その後，どんな対応でどうなったかを観察して，生徒の願いを叶えるために何が必要だったのかを見極めていく。このように観察と振り返りを繰り返していくことがその生徒に必要な支援を丁寧に行っていくことに繋がると思う。行動のきっかけ，誘発要因，結果，対応，対応後の様子の5つの観点を意識できるようにして生徒の行動の前後を見逃さない観察を身に付けたい。そしてその観察で得た情報を元に包括的な支援を考え判断できるようにしていきたい。

　今回の実習では，生活単元学習と音楽の授業を参観させていただいたが，授業としての中身を考えなければならないことの難しさを改めて思った。生活単元学習は，1つ1つのものが非常に細かく考えられた上で作り込まれていて，日々の子どもたちの姿に応じて改良もされ続けていた。生活単元学習は知的障害の特別支援教育では特徴的な内容であるからこそ，その構成や使う教材の工夫では専門性やその知識が問われてくるのだと思った。その点で，自分はまだ特別支援教育で授業をしたこともないし，十分に考えられているわけでもないため，最低限でも知識面で学ばなければならないと思った。また，音楽の授業は教科としての知識技能の部分も含めながら，クラスの児童ができることややりたいことに合わせて構成している様子だった。教科の中にある学習内容を子どもたちの状態に合わせて工夫し

> ていくことも特別支援教育として重要であると思うが，その点も難しくて，
> 経験と学びが欠かせない。

　体験実習を経て，児童生徒の思いを汲み取ることへの自己の課題や，特別支援学校で行われる授業形態である生活単元学習の授業づくりの難しさについて，学部3年生が真摯に向き合っていることがうかがえます。教育実習がはじまる前の大事な実習であることがわかります。

③ 観察実習

　特別支援教育実習では，前半に観察実習を，後半に実践実習を行います。それぞれの実習の内容について紹介したいと思います。観察実習では，登校，授業，休み時間，給食，清掃，下校の一日を通して，児童生徒の姿を観察し，記録していきます。これらの観察や記録は，実践実習における授業づくりや支援に向けて，児童生徒のありのままの姿を受け止め，教師と児童生徒のかかわりを見る大事な機会となります。

　授業参観の観点として，教育実習の手引き「特別支援教育を志すあなたへ」（信州大学教育学部附属特別支援学校，2022）では，以下のことがあげられています。

- 児童生徒が「自分から自分で精一杯」活動する姿が見られた場面はどこか。
- 個に応じた教材研究やできる状況づくりは，児童生徒の実態と本時の願いに対して適切であったか。
- 個の願いに対する，支援の具体的な方法は適当であったか。
- 児童生徒と教師のやりとりの中で，児童生徒の姿がどのように変容していったか。
- 共同生活者として，児童生徒とともに活動していたか。
- 主担当教員と補助教員の連携がうまく機能していたか。

④ 実践実習

　実践実習のねらいは，「授業の計画・実践・省察を行うことにより児童生徒理解を深め，児童生徒とのかかわりや教材づくりの基礎的な方法を学び実践する」ことにあります（信州大学教育学部附属特別支援学校，2022）。実践実習

では，日常生活の指導と基礎的な研究として，児童生徒研究，素材研究，教材研究，支援研究，評価の計画が中心に行われます。たとえば素材研究は，児童生徒の生活のなかにあり，興味関心の高いものから選定するなど，複数の観点から研究が行われ，教材研究では選定した素材を児童生

図14-6　生徒と一緒に使う材料を考える

徒が学習として扱えるよう教材化していくための工夫について考えていきます。

　以下に，学生が書いた教育実習についての感想を紹介します。

　実習の中で物理的に「同じ部屋にいる」「同じ時間を過ごす」ということだけでは共同生活者とは言えないのだと感じた。それと同時に同じ目標をもって取り組んだり，共に楽しんだりしてお互いの思いを共有することが大切なのではないかと考えた。例えば，朝の運動の大縄とびのときにC先生が連続飛びをしている様子を見て，1人また1人と連続飛びに挑戦する生徒が増えた。これはC先生の姿から，「私もやってみたい」「楽しそう」という思いが生徒の中で連鎖した結果だと思った。この姿と私の「共同生活者とは思いを共有することだ」という考えをもとにすると，共同生活者として教師は，子どもと思いを共有するだけでなく，子ども同士の互いに思いやり，かかわり合う関係を生み出していくことも大切であることを学んだ。

　「教師としての自分の願いと，子どもの願いがある中で，どのように折り合いをつけていくかが難しい」と指導教諭の先生に伺った際，「教師と子どもの願いが同じになっていくと良いね」と助言をいただいた。正直その時はハッとさせられ，難しさを覚えているときは，そもそも私の願いが的外れであることに気がついた。「子どもたちも，日々より良く生きたいと願っている」。副校長先生がおっしゃっていた言葉は確かにその通りであった。

　共同生活者としての気づきや子どもの願いについての学びが教育実習の間に積み重なっていっていることが学生の文章から伝わってきます。教師としての

姿勢や自己の課題についての省察がより深まるのもこの実習の成果といえます。

Section 5 特別支援学校インターンシップ実習

1 特別支援学校インターンシップ実習の概要

　特別支援学校インターンシップ実習は，特別支援学校の教師を目指す学部4年生を対象としており，一年を通じて附属特別支援学校に行くことになります。この実習は，実習生が長期間にわたり継続的に学校で体験的な活動を行うことで学校現場をより深く知るとともに，特別支援教育実習後の実践的指導力を育成するために行われます。実習生がこれからの教師に求められる資質を理解し，倫理観とともに自らの教師としての適格性を把握するための機会として位置づけるものです。特別支援学校における教育活動や行事・事務などの学校における活動全般について，支援や補助業務を行います。具体的には授業補助，児童生徒の支援，各研究会への参加，教材づくり，事務補助，環境整備などがあげられます。

2 特別支援学校インターンシップ実習を経験した学生から

　インターンシップ実習に参加した学生の振り返りを紹介したいと思います。

　　今日高等部の廊下に行ったとき，生徒たちが私に手を振ってくれた。そのあと「この前ソーラン節見てくれた。うれしかった」や「大学のお土産ありがとう」という気持ちを伝えてくれた。ソーラン節の発表や大学見学は先週のことだが，生徒たちにとって大学での思い出は今でも忘れられないうれしいものになっているということが分かり，私も心が温かくなった。このように，一人一人の生徒が"その日"を意味のある一日として過ごすことができるような関わり方をしていきたい。

　　インターンシップが始まって初めて全校で集まる会に参加し，私自身とてもわくわくした。近くで鑑賞していたAさんは一つ一つの曲に対してキラキラした目をしていた。自分の感じたものや思いを素直に言動や表情で表す姿から楽しい感情が伝わってきた。Bさんも時々感想をつぶやきながら楽しそうに聞いていて，目が合うとニコニコしていた。その場で会話す

ることは少なかったけれど，アイコンタクトや近くで一緒に過ごした雰囲気で気持ちを共有していたように思う。話すことだけが生徒との関わりではないと改めて感じた。

　学部４年生ともなり，大学での学びは終わりに近づき，学生の児童生徒へのかかわり方や考える観点がより明確になっていることがわかります。特別支援学校の教師となるうえでの使命や倫理観，自身の気づきや大切にしたいことが醸成されることもこのインターンシップ実習の特徴といえます。臨床の知としての集大成ともいえる実習となっています。

（下山真衣）

①特別支援教育に関連する臨床経験科目について先輩から話を聞いて，まとめましょう。
②教材研究について調べ，教育実習で生かしていきたいことを箇条書きにしてみましょう。

教職実践演習

教職実践演習とは

　教職実践演習とは，教職課程の他の授業科目の履修や教職課程外でのさまざまな活動を通じて，みなさんが身につけた資質・能力が，教師として最小限必要な資質・能力として有機的に統合され，形成されたかについて，みなさん自身の「目指す教師像」や到達目標等に照らして最終的に確認するものです。いわば全学年を通じた「学びの軌跡の集大成」として位置づけられるものといえます。この科目の履修を通じて，将来，教師になるうえで，自己にとって何が課題であるのかを自覚し，必要に応じて不足している知識や技能等を補い，その定着を図ることによって教職生活をより円滑にスタートできるようになることが期待されます。

　このような科目の趣旨を踏まえて，教職実践演習では，教師として求められる以下の4つの事項について考えます。

①使命感や責任感，教育的愛情等に関する事項

到達目標	○教育に対する使命感や情熱をもち，常に子どもから学び，ともに成長しようとする姿勢が身についている。 ○高い倫理観と規範意識，困難に立ち向かう強い意志をもち，自己の職責を果たすことができる。 ○子どもの成長や安全，健康を第一に考え，適切に行動することができる。
目標到達の確認指標例	○誠実，公平かつ責任感をもって子どもに接し，子どもから学び，ともに成長しようとする意識をもって，指導にあたることができるか。 ○教員の使命や職務についての基本的な理解に基づき，自発的・積極的に自己の職責を果たそうとする姿勢をもっているか。 ○自己の課題を認識し，その解決に向けて，自己研鑽に励むなど，常に学び続けよう

	とする姿勢をもっているか。
	○子どもの成長や安全，健康管理に常に配慮して，具体的な教育活動を組み立てることができるか。

②社会性や対人関係能力に関する事項

到達目標	○教員としての職責や義務の自覚に基づき，目的や状況に応じた適切な言動をとることができる。 ○組織の一員としての自覚をもち，他の教職員と協力して職務を遂行することができる。 ○保護者や地域の関係者と良好な人間関係を築くことができる。
目標到達の 確認指標例	○挨拶や服装，言葉遣い，他の教職員への対応，保護者に対する接し方など，社会人としての基本が身についているか。 ○他の教職員の意見やアドバイスに耳を傾けるとともに，理解や協力を得ながら，自らの職務を遂行することができるか。 ○学校組織の一員として，独善的にならず，協調性や柔軟性をもって，校務の運営にあたることができるか。 ○保護者や地域の関係者の意見・要望に耳を傾けるとともに，連携・協力しながら，課題に対処することができるか。

③幼児児童生徒理解や学級経営等に関する事項

到達目標	○子どもに対して公平かつ受容的な態度で接し，豊かな人間的交流を行うことができる。 ○子どもの発達や心身の状況に応じて，抱える課題を理解し，適切な指導を行うことができる。 ○子どもとの間に信頼関係を築き，学級集団を把握して，規律ある学級経営を行うことができる。
目標到達の 確認指標例	○気軽に子どもと顔を合わせたり，相談に乗ったりするなど，親しみをもった態度で接することができるか。 ○子どもの声を真摯に受け止め，子どもの健康状態や性格，生育歴等を理解し，公平かつ受容的な態度で接することができるか。 ○社会状況や時代の変化に伴い生じる新たな課題や子どもの変化を，進んでとらえようとする姿勢をもっているか。 ○子どもの特性や心身の状況を把握した上で学級経営案を作成し，それに基づく学級づくりをしようとする姿勢をもっているか。

④教科・保育内容等の指導力に関する事項

到達目標	○教科書の内容を理解しているなど，学習指導の基本的事項（教科等の知識や技能など）を身につけている。 ○板書，話し方，表情など授業を行ううえでの基本的な表現力を身につけている。 ○子どもの反応や学習の定着状況に応じて，授業計画や学習形態等を工夫することができる。

目標到達の 確認指標例	○自ら主体的に教材研究を行うとともに，それを活かした学習指導案を作成することができるか。 ○教科書の内容を十分理解し，教科書を介してわかりやすく学習を組み立てるとともに，子どもからの質問に的確にこたえることができるか。 ○板書や発問，的確な話し方など基本的な授業技術を身につけるとともに，子どもの反応を生かしながら，集中力を保った授業を行うことができるか。 ○基礎的な知識や技能について反復して教えたり，板書や資料の提示をわかりやすくするなど，基礎学力の定着を図る指導法を工夫することができるか。

Section 2 学びの軌跡の集大成

　自らの体験をしっかりと自分のものにしていくためには，いま，自分は何を学んでいるのか，現在取り組んでいる課題にはどのような意味が込められているのかを自覚しながら学び体験することが必要です。

　臨床経験科目には，教育実習やその事前・事後指導，教職実践演習といった学部1年生から4年生までの体系的な学びの過程があります。学部1年生では，教育現場において，教師の仕事ぶりや児童生徒の様子など，さまざまな教育事象にふれることで，教育の現実を内在的に見る視点を養うとともに，教育に対する問題意識を深めてきました。学部2年生では，学校の日常により深く入り込み，外側から眺めるだけではわからない教師の仕事の広がりや奥深さ，児童生徒とのコミュニケーションの実際を，内側から体験・体感し，学校社会の実情や自分自身の課題をリアルに把握してきました。学部3年生では，主に「教育実習」を通じて，与えられた教科の授業を行うなど，教師の職務を，実際に責任をもって担当することで，それまでの臨床体験や専門的に学んできたことを総動員しつつ，教師として必要な資質・能力（スキル・倫理・構えなど）を身につけてきました。そして，臨床経験の集大成となる学部4年生の「教職実践演習」では，それまでの学びの履歴を整理したうえで，弱点を補充しつつ，目指したい教師像を具体化させていく演習となります。

　臨床経験科目のもう一つの特徴は，それぞれの段階でその経験の意味を反芻し，深めていくための「リフレクション（省察）」の場と時間が準備されていることです（図15-1）。リフレクションは，それぞれの臨床経験科目での「体験」

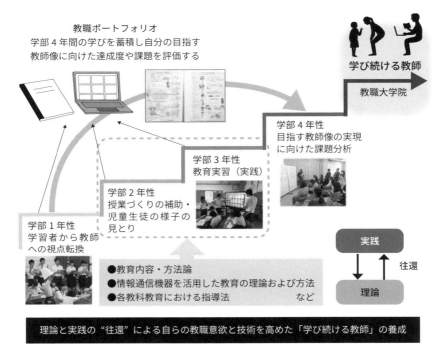

教職ポートフォリオ
学部4年間の学びを蓄積し自分の目指す
教師像に向けた達成度や課題を評価する

学び続ける教師

教職大学院

学部4年性
目指す教師像の実現
に向けた課題分析

学部3年性
教育実習（実践）

学部2年性
授業づくりの補助・
児童生徒の様子の
見とり

学部1年性
学習者から教師
への視点転換

●教育内容・方法論
●情報通信機器を活用した教育の理論および方法
●各教科教育における指導法　　　　　　　　など

実践

往還

理論

理論と実践の "往還" による自らの教職意欲と技術を高めた「学び続ける教師」の養成

図15-1　理論と実践の " 往還 " を通じたリフレクションのイメージ

を，自分自身の血となり肉となる「経験」へと深めると同時に，次の段階の臨床経験へと進んでいくための準備となります。

ところで，リフレクションを行うことの意味は，単にそれぞれの段階の「体験」を省察し，深めるためだけにあるのではありません。臨床経験のなかで，リフレクションを繰り返し行うことを通じて，リフレクションの意義や効果を理解し，これを習慣化し，その技法をマスターすることが望まれます。みなさんが実際に教師になったあとも，リフレクションの技法を有効に活用しながら経験から学び続ける，優れた「反省的実践家」としての教師になることを期待します。

教師は，教師になることがゴールではありません。むしろ教壇に立ったタイミングがまさにスタートラインであるといってもよいでしょう。つまり，教師としての学びは学部の4年間，あるいは大学院を含めた6年間で終わるのではなく，卒業・修了してからこそが第一歩なのです。学び続ける教師にとって，

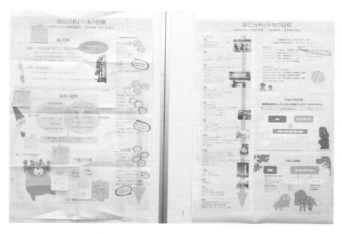

図15-2　インタラクティブセッションにおける学びの軌跡の可視化（左：4月，右：1月）

学部・大学院時代の学びの軌跡は，あくまで教師としての学びのスタートラインに立つための補助器具でしかありません。みなさんには，補助器具を外しても一人で学び続けることができるような人材に育ってもらわなければなりません。

　そのために，教職実践演習では，年度はじめと年度終わりにインタラクティブセッションを行い，学びの軌跡を可視化します（図15-2）。

　年度はじめは学部3年生までに学んだことを振り返り，みなさん自身がどのような臨床経験のなかで何を学んできたのかを明確化します。そのうえで，学部4年生でさらなる高みを目指すために，臨床経験を通じてどのような学びを得たいと考えるかを整理します。

　年度終わりは年度はじめに立てた学部4年生の目標に対して，どのような臨床経験を通じて何を学び，その結果，目標を達成することができたかを可視化して整理します。整理の仕方はそれぞれの教科やコースによって自由ですが，たとえばポスター発表のような方法を採用する場合には，4月と1月に作成したものを並べて，自分自身がどのような課題をもち，その課題に対して学部4年生の1年間でどのような経験を経て，年度終わりのいま何を思っているのかを語ることができるとよいでしょう。

Section 3 自身の課題の解決に向けたインターンシップ制度

信州大学教育学部では，年度当初に掲げた個々の課題を4年次に解決するために，4つのインターンシップを設けています。それぞれのインターンシップでは，卒業後の進路に応じた自身のスキルアップを図るために，各自の課題に沿った活動に取り組みます。

- 教員インターンシップ……………………原則，教員採用試験受験希望者のみ
- 自然・社会教育インターンシップ……教員採用試験受験希望者以外
- 附属特別支援学校インターンシップ…特別支援学校教員志望の学生
- 心理支援教育インターンシップ………心理支援教育コースの学生，公認心理師カリキュラムを受講している学生

1 教員インターンシップ

主に，卒業後に学校教員として教壇に立つことを目指し，教員採用試験を受験する予定のみなさんを対象としています。

教員インターンシップでは，公立学校を計5日間訪問して，学級担任の補助や支援を行います。単に，児童生徒に対して学習を教えたりするのではなく，教師の日常的な業務を知るという観点から，教材作成や授業補助，学級経営補助，特別に支援が必要な児童生徒への支援活動などにあたります。

2 自然・社会教育インターンシップ

主に，学校教員以外の職業に就職することを予定しているみなさんを対象としています。

自然・社会教育インターンシップでは，青少年自然の家や社会教育施設に計5日間，または2泊3日程度お邪魔して，それぞれの施設で予定されている児童生徒向けのイベントにスタッフまたは支援員として参加します。特に青少年自然の家では，夏季休業などの長期休業期間を利用した自然体験活動が設けられており，それらの活動に児童生徒とともに参加して，それぞれの施設の方の動きや配慮されていることなどを見聞きし，就職してから社会の一員として活躍できるための社会人基礎力の育成を図ります。

3 **附属特別支援学校インターンシップ**

　主に，特別支援学校の教員を目指しているみなさんを対象としています。

　附属特別支援学校インターンシップでは，通年にわたって附属特別支援学校を訪問し，同学校における教育活動や学校行事，学校業務などの学校における活動全般について，支援や補助業務にあたります。具体的には，教師が日常的に行っている授業補助や児童生徒支援，各研究会への参加，教材づくり，事務補助，環境整備を体験し，特別支援学校における特徴的な学びのあり方を考察します。

4 **心理支援教育インターンシップ**

　主に，将来，学校カウンセラーや公認心理師になることを目指しているみなさんを対象とし，そのためのカリキュラムを受講しているものが参加できます。

　心理支援教育インターンシップでは，地域の公立学校等における中間教室を計5日間訪問して，不登校児童生徒への心理的支援にあたります。精神的・心理的に悩みや不安を抱えている児童生徒に寄り添う活動やその補助を通じて，実践的な心理的支援スキルを養い，卒業後に役立つ基礎的な力量形成を目指します。

　これらのインターンシップは，大学だけではなく，地域の学校や施設の方の多くのご協力のもとに行われます。みなさんが将来，それぞれの現場で活躍できるように，かかわってくださる先生方やスタッフの方は，時間をかけてしっかりと計画を立ててみなさんを受け入れ，児童生徒たちの安全等にも配慮し，スムーズで心地よい環境を提供しようとご支援，ご指導くださいます。そのお力添えと期待に応えるよう，みなさん自身も学校や施設等でのマナーやルールを遵守し，受け入れてもらう側の大学生としてふさわしい行動をとるように心がけましょう。

Section 4　学部4年間を通じた臨床経験のまとめ

　臨床経験には，「経験を通して学ぶ」こと以外にも，いくつかのねらいや願いが込められていると申し上げてきました。「より広い視野から学校・教育を見直すこと」「経験とリフレクションを通して，『経験を通して学ぶ力』を身に

つけること」「現場に立つことによって学びの主体へ，そして責任ある当事者へ変わっていくこと」です。

　みなさんにとって，学部4年間の臨床経験はどのようなものであったでしょうか。「学校現場に行かされて，授業参観させられた」といった受け身な感じだったのか，「学校現場に行かせてもらってさまざまな経験をし，授業参観の仕方や授業づくりの考え方を学ばせてもらった」といった主体的な感じだったのかは，みなさん自身の見方・考え方によるところではないでしょうか。

　学部教員がみなさんに与えることができるのは，ほんの少しの知識や技能でしかありません。それぞれの学部教員はそれぞれの高い専門性を有していますが，その専門性のすべてをみなさんに与えることは時間的にも難しいことです。限られた時間のなかで学校現場の教師として活躍してもらうために必要最小限な資質・能力を身につけてもらいたい，そう考えてできたものが臨床経験科目であり，すべての学部教員が学年ごとの臨床経験科目のリフレクション演習などに参加し指導してきた理由です。

　また，教員養成を支援してくださっている学校の先生方もまた，教育実習などの限られた臨床経験の時間のなかで，一生懸命に先生方がもつ考えや価値観を伝授したいと思い，忙しい時間をぬってみなさんの指導にあたってくださっています。このような学校現場の先生方の願いを受け止めて，みなさん自身が飛躍するための臨床経験にしていけることを切に願います。

　最後に，こうした臨床経験科目の体系は，もちろん，臨床経験科目だけで完結しているわけではありません。臨床経験をさらなる学びへとつなげていくのはみなさん自身です。みなさんが主体的な学習者となり，臨床経験科目で得た経験や省察の成果を大学における他の講義（つまり教職に関する科目や教科に関する科目，さらには教養に関する科目など）や，大学以外の場での経験・学びと関連させながら，より広く・深く学んでいくことを期待します。

（森下　孟）

考えて
みよう

〈4月〉　図 15-2 の左側を参考に，年度はじめのポスター（A4 サイズ 1
　　枚）を作成しましょう。
　　まず，学部 1 ～ 3 年生で取り組んだことやイベント（教育実習など）
　を時系列に書き並べましょう。そして，それぞれの事柄において，自分
　自身がどのような学びを得たのかを考察し，それを書き込みましょう。
　最後に，学部 3 年間を通じた総合考察を行い，次の点について記述しま
　しょう。
　①自分自身の長所や短所
　②「目指す教師像」に向けてどのような課題があるか
　③②の課題を解決するために学部 4 年生で何を意識してどのような取り
　　組みを行いたいと考えるか
〈1月〉　図 15-2 の右側を参考に，年度終わりのポスター（A4 サイズ 1
　　枚）を作成しましょう。
　　まず，学部 4 年生の 4 月～ 12 月に取り組んだことやイベントを時系
　列に書き並べましょう。そして，それぞれの事柄において，自分自身が
　どのような学びを得たのかを考察し，それを書き込みましょう。最後に，
　学部 4 年間を通じた総合考察を行い，次の点について記述しましょう。
　①年度はじめにあげた「目指す教師像」への課題に対して，学部 4 年生
　　の活動を通じて解決できたことは何か，あるいは解決できなかった理
　　由は何か
　②翌 4 月から新任教師として教壇に立つにあたって，あるいは大学院へ
　　の進学や社会人として新たな第一歩を踏み出すにあたっての意気込み
　　や目標は何か

みなさんは，臨床経験科目に携わる事務担当者の存在をご存じですか。

そして，事務担当者はどんなことをしていると思いますか。

私自身，この仕事に携わるまで，大学における事務の仕事とはどのようなことなのか実情についてはほとんど知りませんでした。

実際，携わることとなってみて，多岐にわたる業務があることを知りました。

多岐にわたるとは，いったい，どのようなことをしているの？と思いますよね。

では，実際の仕事内容についてお話ししますね。

私の主な仕事内容は，各臨床経験科目（学部1年生から4年生）の授業運営が円滑に進むようにするための事務仕事です。

みなさんと直接かかわる機会は，多くはないかもしれません。

主な仕事は，配布する資料の印刷，授業での資料配布，授業中の不測の事態への対応，提出物の確認などです。

授業中，教室の出入り口付近や後ろのほうで先生以外にうろうろしている人がいるなと，ふと気になっているとしたら，それが事務担当者です。

授業中のみなさんの様子や提出物を確認して，気になることがある場合には授業担当者の先生にお伝えをして情報共有をしています。

また，コースで行う授業は，授業担当者の先生ではなく，コースの先生方が担当して進めます。その際，授業担当者の先生とコースの先生の橋渡しをして，授業が滞りなく進むように心がけています。

直接，接することはなくても，間接的なことを含めると，学部1年生から4年生の学生のみなさん，教育学部の先生方と多くの人たちとかかわり，連携をして仕事をしています。そのなかで，さまざまな出来事，考え，思い，ものの見方にふれることができ，常に新たな視点やものの見方に出合うことがこの仕事に携わる小さな愉しみです。時には，不手際により，不快な思いをさせてしまうこともあり，より良いやり方，進め方，伝え方があったのではないかと思い，考えをめぐらせ，試行錯誤をしています。もし，みなさんも何か気になることや気がついたことがあれば，事務担当者までお寄せください。すぐに対応できることと，そうでないことがありますが，試行錯誤の一つに加えたいと思います。

さて，この仕事に携わっているなかで，本にコラムを書くという機会とめぐり合うことになるとは思ってもいませんでした。

このコラムを読んでくださったみなさんがどんな感想をもつのか一抹の不安はありますが，このような機会をくださった先生方，そして，読んでくださるみなさんには，感謝の気持ちでいっぱいです。

これから，臨床経験科目にはこのように携わっている事務の人がいるのだなと気にとめていただけたら嬉しく思います。

最後までお読みくださりありがとうございました。

（岨手智子）

教育実習事前・事後指導（リフレクション演習）

PART

学校現場で活きる
「臨床の知」

Chapter 16

深い学びと ICT 活用

Section 1 知識の構造，目標から ICT 活用を考える

「ICT の効果的な活用」という言葉をよく耳にします。しかし，その効果とはいったい何なのか，場当たり的な議論しかなされてこなかった印象があります。一方，さまざまな目標の授業があるなかで，どのように ICT を活用をすればよいのかに関する議論はあまりされてこなかったように思います。そこで，本章では，知識の構造と目標や学習活動・学習形態，教師の指導・児童生徒の活動の関係性のなかから ICT の活用を探っていきます。

まず，知識の構造については高橋（2022）が図 16-1 の左のように整理しています。上段の「①知る」や「②覚える」の段階の目標は「長野県と書ける」や「長野県の都市の場所がわかる」というような事実的知識の確認となります。「書ける」や「わかる」を目標としているので，達成目標的です（梶田，2010）。その時の学習活動は，長野県と繰り返し書いたり唱えたりして覚えたり，すぐに答えられたりできるような，穴埋め的な活動であり，確認的な活動となります。ここでは，教師は一斉指導で効率的・効果的に指導できる教育技術が必要となるでしょう（佐藤他，2022）。個別最適な学びのなかでも「指導の個別化」の学習活動が考えられます。このような学習段階を「習得」の段階ととらえるとします。習得の段階の学習形態としては，一斉学習のほかに「指導の個別化」が考えられます。知識確認（つまり，「①知る」や「②覚える」）では，繰り返し取り組んでいなければ，いつかの大学入試のように忘れ去ってしまいますから，このような学びは深い学びと比較すれば，浅い学びといってよいでしょう。

次の「③つなげて考える」の段階の学習活動は「長野県の産業や地理がわか

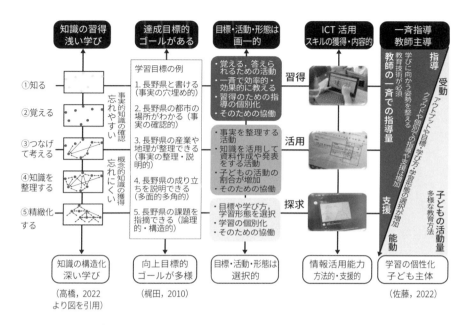

図 16-1　知識の構造と目標，学習活動・学習形態，教師の指導・児童生徒の活動の
　　　　　関係（高橋, 2022；梶田, 2010；佐藤他, 2022 をもとに作成）

る」というような概念的知識の獲得が目標になります。「①知る」や「②覚える」
の段階で獲得した知識を整理しながら，資料を作成したり，発表をしたりする
活動が考えられます。たとえば，長野県の第一次産業，農業ではリンゴやブド
ウなどの果物や高原野菜の生産がさかんであることを確認しつつ，生産量が高
い地域の年間降水量や平均気温を整理する活動が考えられます。ここでは，教
師の一斉指導は減り，児童生徒の学習活動量が増えはじめる段階といえます（佐
藤他, 2022）。このような学習段階を「活用」の段階ととらえるとします。

　さらに「④知識を整理する」や「⑤精緻化する」段階の学習活動は「長野県
の成り立ちを説明できる」や「長野県の課題を指摘できる」などが目標であり，
見方・考え方を多面的多角的に働かせたり，論理的かつ構造的に考えを構築し
たりしていくことが考えられます。たとえば，「長野県の成り立ちを説明できる」
活動では，ある児童生徒は地理的に，別の児童生徒は経済的に，見方・考え方
を働かせるかもしれません。したがって，向上目標的であり，ゴールは多様に

なります（梶田, 2010）。その時の児童生徒の学習目標は画一的ではなく選択的であり，学び方や学習形態の選択も増え，より学習の個性化が進み，主に児童生徒の学習活動となり，教師の主な活動は指導とともに支援となります。

　また，教師はこの時，児童生徒一人一人に対応するため，多様な教育方法の知識や技能を必要とします。ここでは，より児童生徒の興味関心を踏まえて「学習の個性化」へと向かう学習活動が考えられます。このような学習段階を「探究」の段階ととらえるとします。この段階までくると，忘れにくい知識になっているはずですし，深めた知識についてずっと話していられるような状態になっていますから，深い学びに至っているといってもよいでしょう。

　学習が個性化すればするほど，児童生徒は自分だけで学習活動に取り組む必要がありますから，教師も児童生徒も学習の基盤としての情報活用能力の育成が必要と感じるようになるでしょう。

　以下では，図 16-1 をベースにして，「習得・活用・探究の段階と ICT 活用」「個別最適な学びと協働的な学び」「習得・活用・探究の段階で必要な情報活用能力」について解説します。

Section
2 習得・活用・探究の段階と ICT 活用

　知識の構造と目標や学習活動・学習形態，教師の指導・児童生徒の活動の関係を踏まえ，本節では，習得・活用・探究の段階ごとに ICT 活用を解説・例示します。

1 習得の段階

　習得の段階では教師の指導量が多く，一斉で学習内容，学び方，学習過程，学ぶ姿勢や態度を教える段階になります。この時，児童生徒は指示や説明に従って書いたり読んだりしながら学びます。教室の雰囲気としては，教師は黒板の前に立ち，児童生徒全員のほうを向き，児童生徒は全員が黒板や教師のほうを向き，学習に取り組みます。

　習得の段階の ICT 活用は，教師が基礎基本を教える段階ですから，実物投影機で大きく示したり，焦点化して示したりして，わかりやすく教えます。また，

フラッシュ型教材を活用して繰り返し見せたり，読ませたりして習得の場面をつくります。児童生徒は，AIドリル等を活用して，自分にとっての得意不得意を自覚しながら習得していきます（自己調整学習の初段階）。また，低学年や年度のはじめでは，情報機器の操作に関する確認的

図16-2　算数の学習活動を通して情報端末に慣れる1年生（静岡市立伝馬町小学校）

な意味も含め，学習活動の一部に情報端末での操作的な活動を取り入れながら，情報機器の基本的な操作に慣れたり，確認したりしていきます。

　さらにクラウドを活用して事実の確認的な協働学習や相互参照をしながら，学習の内容を習得していきます。このような活動を通して情報端末に触れたり慣れることで，情報機器の基本的な操作を習得していきます（静岡市立伝馬町小学校　中澤美森教諭：図16-2）。

　このように習得の段階は，教師が一律に指示説明をして，全員が同じように基盤となる言語能力や情報活用能力の基礎的な力を習得する段階です。身につけておくべき学習内容の習得，情報機器の基本的な操作の習得の段階であるため，学習目標もゴールが決まっている達成目標的でしょう。

　この段階で，基礎基本の徹底，情報活用能力の基礎となる情報機器の基本的な操作，学び方についてきちんと習得しておくことが，活用の段階の取り組みに効いてくるのです。習得されていない状態で，活用や探究の段階に挑戦しようとしても，児童生徒たちが自律して活動できず，結局は一斉指導になってしまう可能性があります。

２ 活用の段階

　活用の段階では，習得の段階に比較して教師の指導量は減少し，児童生徒は習得の段階で得た知識や技能を活用しながら学習活動をする時間が増えていきます。また，一部の学習活動に関しては，教師が指示して一律に進むわけではなく，児童生徒自身が評価基準や学び方，学習形態の一部を選択します。教室

の雰囲気としては，一斉で授業が進行する場面もあれば，児童生徒だけで学習活動が進行する場面も増えます。

ICT活用としては，教師が指導のために学習内容を示すような活用の仕方から，教師がクラス共有の学習過程や教材を示したり，児童生徒の状況をクラウ

図16-3　調べたり整理したりまとめたりする活動の例（信州大学教育学部附属松本小学校）

ド上でモニタリングしたりする，支援の段階に移行していきます。

児童生徒のICT活用も増えていきます。たとえば，習得した内容を整理してプレゼンテーションをしたり，文章に整理したりする活動があります。この時に，習得してきた情報機器の基本的な操作が活かされていきます（信州大学教育学部附属松本小学校　織田裕二教諭：図16-3）。しかし，プレゼンテーションしかり，文章しかり，もっとじょうずな表現の仕方を求めたり，引用や著作権の指導や配慮すべき情報モラルや情報セキュリティについての指導も必要になってきます。調べたり整理したりまとめたりする活動では，情報の収集や整理・分析，まとめ・表現の際に必要になってくる情報活用能力が求められます。したがって，情報機器の基本的な操作よりも，より高度な情報活用能力が必要となりますから，教師はこの段階にくると，さらに詳しく細かく情報活用能力を児童生徒に教えたくなるはずです。

3 探究の段階

探究の段階では，習得の段階に比較して教師の指導量は減少し，むしろほとんどが個別に支援するようになっていきます。また，教師は授業の最初と最後に一斉で指示をしたりまとめたりする程度となり，児童生徒自身が評価基準や学び方，学習形態の多くを選択するようになります。教室の雰囲気としては，評価基準も学び方も学習形態も児童生徒一人一人が選択・決定するため，一人で学習に取り組むこともあれば，あるときはペアや複数人のグループになって進むこともあります。これらは，Google Chatなどのクラウドツールで状況が

常に共有されており，児童生徒たちは課題意識や必要に応じて学習形態を変化させていきますが，この意志決定も児童生徒に任されている状態になります。

　ICT活用としては，教師は学習過程や教材を示す段階から，方針やスケジュールのみを示すような段階に移行していきます。また，さらに児童生徒の状況をクラウド上でモニタリングする支援の段階に移行していきます。

　探究の段階では，学習目標，学び方，学習形態を一人一人が選択して学習に取り組むことを前提にしています。クラウド上では，リアルタイムで議論するための協働学習や，相互参照，自己の学習課題や学習問題を解決していくための学習活動が一人ずつ行われています。そのため，児童生徒のICT活用では，学習過程や学び方に合わせた情報活用能力が発揮されている状態となります。したがって，この段階では，情報活用能力は熟達したり，情報端末の操作やクラウドの活用は自由自在にできる状態といえるでしょう。

Section 3　個別最適な学びと協働的な学び

　2021年1月の中央教育審議会「『令和の日本型学校教育』の構築を目指して（答申）」では，個別最適な学びは学習者の視点とされ，これまでの個に応じた指導は教師視点とされ，区別して記述されています。また，児童生徒たちが自己調整しながら学習を進めていくことが前提とされ，「指導の個別化」と「学習の個性化」に整理し説明されています。そのうえで，協働的な学びと一体的に充実させていくことが示されています。本節では，その一例を示します。

1 指導の個別化

　答申において「指導の個別化」は次のように記述されています。

> 　全ての子供に基礎的・基本的な知識・技能を確実に習得させ，思考力・判断力・表現力等や，自ら学習を調整しながら粘り強く学習に取り組む態度等を育成するためには，教師が支援の必要な子供により重点的な指導を行うことなどで効果的な指導を実現することや，子供一人一人の特性や学習進度，学習到達度等に応じ，指導方法・教材や学習時間等の柔軟な提供・設定を行うことなどの「指導の個別化」が必要である。

ステップ7　下り坂の後転（こうてん）
下り坂をつかって、後転をします。
①の時に、写真では、手が前ですが、先に「てんしのはね」を作っておきましょう。

④の時に、足のうらをゆかにつけて立ち上がりましょう。

ステップ8　後転
　　　　　　動画を見て、お手本通りの後転をしましょう。
ドライブ　　https://drive.google.com/drive/folders/1M3wfOdakLsgUHwKmY2kie6x5Y-373SyZ?usp=sharing
YouTube　　https://www.youtube.com/watch?v=5Lx6hxN0Hbc
　　　　　　※フィルターの関係で、金曜18時以降、YouTubeが観れません。
　　　　　　金曜の18時以降と土日は、上のドライブから視聴ください。

図 16-4　体育の授業の様子（長野県上田市立北小学校）

　図 16-4 は，小学校で参観した体育の授業の様子です（長野県上田市立北小学校 大川雅也教諭）。体育の授業中，児童の情報端末の Google スプレッドシートを教師や児童が起動することで，後転を練習するためのステップが示されます。そして，それぞれのステップには教材や YouTube 等の動画がリンクされており，児童は，自分が取り組む（つまずきの段階）ミッションがいまどこなのかを把握したうえで，お手本動画の視聴→練習（撮影）→お手本動画と撮影した動画を確認→練習，というサイクルで取り組んでいきます。できるようになったら，次へ進み，同じサイクルで練習に取り組まれます。このように見ていくと，この教師は，児童自身が調整しながら取り組める教材や仕掛けをクラウド上に準備して，柔軟に学びを提供しており，その学習環境によって，支援の必要な児童をより重点的に指導していたと考えられます。

　しかし，重要なことはクラウドの活用よりも，この教師のように学習目標や学習活動を細分化できるということです。できるかできないか，くらいの大雑把な基準しか示せなければ，多様な児童生徒たちの多様なステップには対応することはできません。それでは，児童生徒一人一人にとって最適な学びや活動にはならないはずです。この授業は7つのミッションが指導の個別化を支え，クラウドに共有された動画教材が活かされていました。

　こうした実践に取り組むためには，日頃から「わかりましたか？」というようなざっくりとした発問（質問）を避けていく必要があります。児童生徒たち

に「わかりましたか？」と聞けば,「はい」と答えます。しかし, そう答えても児童生徒があまりわかっていないことを, 私たちは山ほど体験してきたはずです。「わかる」や「できる」の前には, いくつのステップがあり, それはそれぞれどんなステップなのか。指導の個別化は, 学習目標の細分化がはじめの一歩となるはずです。学習目標の細分化がじょうずな教師は, 総じて発問の細分化もじょうずだと考えられます。

２ 学習の個性化

「『令和の日本型学校教育』の構築を目指して（答申）」では,「学習の個性化」は次のように記述されています。

> 基礎的・基本的な知識・技能等や, 言語能力, 情報活用能力, 問題発見・解決能力等の学習の基盤となる資質・能力等を土台として, 幼児期からの様々な場を通じての体験活動から得た子供の興味・関心・キャリア形成の方向性等に応じ, 探究において課題の設定, 情報の収集, 整理・分析, まとめ・表現を行う等, 教師が子供一人一人に応じた学習活動や学習課題に取り組む機会を提供することで, 子供自身が学習が最適となるよう調整する「学習の個性化」も必要である。

図 16-5 は, 小学校算数の授業で取り組まれていた学習計画シートです（長野県信濃町立信濃小中学校 伊藤真紀教諭）。このクラスでは, 今日の学習問題を踏まえ, 一人一人が Google スライド上で１時間の学習の計画を探究の学習

図 16-5　自分で１時間の学びのプロセスを考えて入力する（長野県信濃町立信濃小中学校）

過程に沿って計画します。図16-5の児童は【課題の設定】で，「マス目がない場合何を参考にして求めればいいのか友達にうまく説明する」としています。【情報の収集】では「縦×横や一辺×一辺の式をして求めると長方形，正方形の答えがわかるのか　そして長方形，正方形の求め方は変わるのか」（原文ママ）について，「友達と話すときに聞いてみる」としています。【整理・分析】では「①友だちの説明を聞いて分かったことや，直すこと，大事なことをノートに書き加える，チャットに入力する　②自分が理解できたのか，まだ不安なのか考える」としています。【まとめ・表現】では「今日は挑戦問題をやる」として，学習活動を進めます。【ふりかえり】では，学習内容だけではなく学習方法も振り返っています。このような取り組みを通して，問題解決のプロセスを学びながら，内容だけではなく，方法も習得することがこの学習のねらいとなっています。一人で学習を進める際には，内容だけではなく方法も重要になってきます。この時，各児童の入力状況はICTによって教師がモニタリングしたり，クラス全員に共有されたりしますから，教師の個別の支援や協働的な学びのきっかけとなります。この仕組みが個別最適な学びを取り組みやすくしています。これが紙だったら，教師は児童の状況は把握できないでしょうし，児童も互いに何をどう取り組んでいるかわからないでしょう。

4 習得・活用・探究の段階で必要な情報活用能力

　2022年12月に文部科学省から情報活用能力調査の結果が公表されました。この調査は2022年1月〜2月にかけて抽出された国公私立の小学校5年生と中学校2年生，高等学校2年生あわせておよそ1万4,000人を対象（無作為抽出）にCBT（Computer Based Testing）で実施されたものです。キーボードによる文字入力の課題を与えたところ，1分あたりの平均文字入力数は，小学校5年生（以下小5）が15.8文字，中学校2年生（以下中2）は23.0文字，高等学校2年生（以下高2）は28.4文字でした。課題や実施方法が違うため単純な比較はできませんが，前回調査(小中学生は平成25年度,高校生は平成27年)では，小5は5.9文字，中2は15.6文字，高2は24.7文字で，いずれも今回の調査のほうが増えていました。

		問題調査から見た児童生徒のレベル別割合	

1. 問題調査の結果から児童生徒の情報活用能力を得点化し，9つのレベルに分類した。
2. 小学校＜中学校＜高等学校と校種が上がるにつれて得点が高くなる傾向が見られた。

レベル[1]	各レベルの児童生徒の割合[2]		調査の結果を基に想定できる各レベルの児童生徒が身に付けている情報活用能力の例[3]
レベル9 （669点 以上〜）	高	9.7%	①アプリケーション，システム，デジタルの特徴を理解している ②他人の主張に関する根拠を見つけることができる／複数の条件に応じて，複数の情報を検索し，選択できる ③反復処理を含むプログラムの実行結果を想定しながら修正できる ④不適切な情報を受信せずに，個人情報や著作権を保護しながら発信できる
	中	1.9%	
	小	0.1%	
レベル8 （622点 〜669点）	高	14.5%	①全角・半角・英字・数字・記号などを使い分けて入力できる ②複数の条件に応じて，複数の情報を選択できる／目的に応じて，グラフを選択し，修正できる ③複数の条件分岐を含むプログラムを理解している／目的に応じて，フローチャートを考えることができる ④不適切な情報発信を指摘できる
	中	5.9%	
	小	0.4%	
レベル7 （572点〜 622点）	高	20.4%	①ホームページ等を管理するためのアカウント権限を設定できる／ファイルサイズの削減などができる ②信頼できる根拠を選択できる／データの矛盾点を指摘できる ③目的に応じて，反復処理のプログラミングができる ④コンピュータウイルスの感染対策ができる／公開してはいけない記事の判断ができる
	中	13.1%	
	小	1.8%	
レベル6 （524点〜 572点）	高	21.9%	①目的に応じて，アプリケーションを選択し，操作ができる ②目的に応じて，情報を整理することができる／複数の事象を示した図を読み解くことができる ③分岐処理のプログラムの実行結果を考えることができる／プログラムの不具合から修正すべき箇所を見つけることができる ④デジタル情報の発信に関わる肖像権，著作権等の権利やそれらを守る方法を理解している
	中	21.9%	
	小	6.4%	
レベル5 （480点〜 524点）	高	17.4%	①指定されたフォルダへファイルに名前を付けて保存できる／クラウド上の編集権限を設定できる ②目的に応じて，情報を図，表，グラフに示すことができる ③分岐処理のプログラムをフローチャートに表すことができる ④コンピュータウイルス感染の原因について理解している
	中	24.9%	
	小	15.6%	
レベル4 （417点〜 480点）	高	9.3%	①指示に従って，アプリケーションを選択し，操作ができる ②複数のページに書かれている情報を要約できる ③簡単な分岐処理のプログラミングができる ④自分の情報を守ったり，健康に留意したりしながら情報端末を使うことができる
	中	17.8%	
	小	25.8%	

レベル		割合		特徴
レベル3 （381点〜 417点）	高	4.1%		①指定されたフォルダを選択できる / ファイルの共有範囲を設定できる ②複数の条件に応じて，情報を選択し，見いだした特徴を基に分類できる ③条件に応じてフローチャートを修正したり，情報処理の手順を図で表したりすることができる ④SNS の特性や著作権違反となる行動を理解している
	中	9.2%		
	小	23.6%		
レベル2 （329点〜 381点）	高	1.8%		①指定された手順通りに画像の挿入ができる ②複数の条件に応じて，情報を選択し，比較して特徴を見つけることができる ③簡単な反復処理のプログラミングができる ④情報には権利があることを理解している
	中	3.9%		
	小	15.9%		
レベル1 （〜329 点未満）	高	0.9%		①ドラッグ＆ドロップなどのコンピュータの簡単な操作ができる ②簡単なグラフや表から情報の読み取りができる / 指示された情報の比較ができる ③簡単な順次処理のプログラミングができる ④ID とパスワードの重要性を理解している
	中	1.3%		
	小	10.4%		

①基本的な操作等
②問題解決・探究における情報活用
③プログラミング
④情報モラル・セキュリティ

※1：調査を行った全児童生徒の平均点は 500 点に換算している。また，得点の上限や下限は存在しない。
※2：小中高それぞれの校種について，割合の合計を 100% として計算している。ただし，四捨五入の関係で，中学校の割合は合計しても 100% とならない。
※3：児童生徒の到達しているレベルより下のレベルの特徴は身に付けていると考えられる。

図16-6　情報活用能力調査の結果（レベル別の割合）（文部科学省，2022）

　一部の問題の正答率が公開されています。ウェブページに書かれている内容を正確に読み取る問題では，正答率は小5が31.5%，中2が58.4%，高2が73.0% でした。また，明るさのセンサーについてプログラムのフローチャートを完成させる問題では，正答率は小5が41.3%，中2が61.5%，高2が69.2%でした。GIGA スクール構想によって，児童生徒の情報活用能力が向上した例の一つであるといえます。
　図16-6のレベル別の割合を見ると，小5の中央値はレベル4付近です。ここでは「指示に従ってアプリケーションを選択して操作ができる」ことが示されています。習得・活用・探究の段階で考えれば，教師の指示に従って操作できる段階ですから，習得や活用に入った段階であると考えられます。レベル5を見ると，「目的に応じて，情報を図，表，グラフに示すことができる」こと

が示されています。この段階を，一人で目的を読解でき，かつきちんと情報を収集したり，整理・分析したりできる力があるととらえれば，習得・活用と探究の境目はレベル4とレベル5にあると考えられます。探究や児童生徒が学びを選択する授業における情報活用能力をいかに育んでいくのかが重要なポイントとなるでしょう。

（佐藤和紀）

①知識の構造と「①知る」から「⑤精緻化する」までの学習活動を，「自分が得意なこと」に寄せて，それぞれの学習活動を考えてみましょう。
②そのうえで，それぞれの学習活動では，どのような ICT 活用ができるか，またそれぞれの段階で必要となる情報活用能力について議論してみましょう。

教職大学院

教職大学院とは

　教職大学院は，高度専門職業人の養成に目的を特化した課程として2003年度に創設された「専門職大学院」の一つです。専門職大学院の特徴としては，理論と実務を架橋した教育を行うことを基本とすること，少人数教育，双方向的・多方向的な授業，事例研究，現地調査などの実践的な教育方法をとること，研究指導や論文審査は必須としないこと，実務家教員を一定割合置くことなどが，制度上定められています。

　教職大学院は，学部段階で教員としての基礎的・基本的な資質能力を修得した者のなかから，さらにより実践的な指導力・展開力を備え，新しい学校づくりの有力な一員となりうる新人教員を養成することと，一定の教職経験を有する現職教員を対象に，地域や学校における指導的役割を果たしうる教員として，不可欠な確かな指導理論と優れた実践力・応用力を備えた「スクールリーダー（中核的中堅教員）」を養成することを目的として，2008年度に19大学に設置されました。2018年度までに全国54大学に設置されています。

　教職大学院のカリキュラムは，共通するカリキュラムの枠組み（体系的・共通的に開設すべき授業科目の領域）が制度上明確化されているとともに，事例研究，授業観察・分析，フィールドワーク等を積極的に導入した指導方法により，理論と実践の融合を図る教育を行うことになっています。

　共通的に開設すべき授業科目の領域は，次の5領域です。

- 教育課程の編成・実施に関する領域
- 教科等の実践的な指導方法に関する領域

- 生徒指導，教育相談に関する領域
- 学級経営，学校経営に関する領域
- 学校教育と教員のあり方に関する領域

　これらの5領域に関する必修科目のほか，10単位以上の学校における実習などを含んで45単位以上修得することが修了要件とされています。2年以上在籍することが基本となりますが，一定の教職経験を有することにより実習科目の単位の全部または一部が免除されたり，学部段階で教職大学院の授業科目を先取り履修して教職大学院入学後の時間に余裕をもたせて実習科目に重点を置いたりするなどの制度もあります。

　教職大学院の教員組織として，専門分野に関し高度の指導能力のある専任教員を一定程度置くこととなっていて，必要専任教員数の4割以上を高度な実務能力を備えた「実務家教員」とすることが義務づけられています。

　教職大学院を修了すると，専門職学位として「教職修士（専門職）」が授与されます。また，大学院修士課程修了程度に授与される「専修免許状」を取得することができます。そのほか，教職大学院に在学しながら学部の教職科目も履修することによって，学部での教員免許状未取得者が新たに教員免除状を取得したり，すでに所有している教員免許状に加えて新たな校種や教科等の教員免除状を追加取得したりすることも可能な場合があります。

Section 2 | 信州大学教職大学院の特徴

　信州大学教職大学院は，教育学研究科高度教職実践専攻（以下，「本専攻」）として，2016年度に入学定員20名で設置されました。
　本専攻には，キャリアの違いによる次の2コースが設定されています。

○教職基盤形成コース
　児童生徒に関する基礎的知識や技能の確実な修得に加えて，思考力・判断力・表現力等を育成する学びをデザインできる実践的指導力や，社会の変化に伴う新たな課題に柔軟に対応できる広い視野をもった高度専門職業人としての力をもった人材を目指す。

○高度教職開発コース
　上記の教職基盤形成コースで目指す資質・能力に加え，学校現場でリーダーとして問題の解決を図る，いわゆるスクールリーダーとしての資質・能力をもった人材を目指す。

　2020年度改組では，修士課程学校教育専攻が廃止されて，本専攻の入学定員が30名になり，研究課題に対応した次の3つの履修プログラム制が導入されました。

○教育課題探究プログラム
　教科指導の枠を越えたさまざまな学校課題に主体的に向き合い，多様な立場の人との連携を深めて問題解決に貢献できる教員の養成を目的としている。地域事情に応じた教育課程づくり，学級経営や生活指導・進路指導などさまざまな教育課題において，子どもの側の論理に即したマネジメントを実践できる人材を目指す。

○教科授業力高度化プログラム
　教科の基盤となる関連学問をもとに，教科の専門性と教育実践とを結びつけ，高度な教科授業力をもった教員の養成を目的としている。校内研究の中心となるとともに地域の研究会等でも活躍し，地域の教育研究全体の底上げに寄与できる人材を目指す。

○特別支援教育高度化プログラム
　特別支援教育の各障害領域等における専門性をより深めることで，特別支援教育における高度な指導力をもった教員の養成を目的としている。特別支援学校におけるリーダー的役割を果たすとともに，通常学級における支援体制も構築，運営し，それら体制の中核となる。

<table>
<tr><td>Section
3</td><td></td></tr>
</table>

信州大学教職大学院のカリキュラム

　本専攻の教育課程の構造を図17-1に示しています。必修科目である指定5領域6科目と5領域横断の「チーム演習」および学校実習科目である「教育実践実地研究」に加えて，表17-1のような履修プログラムに応じた選択科目を履修します。

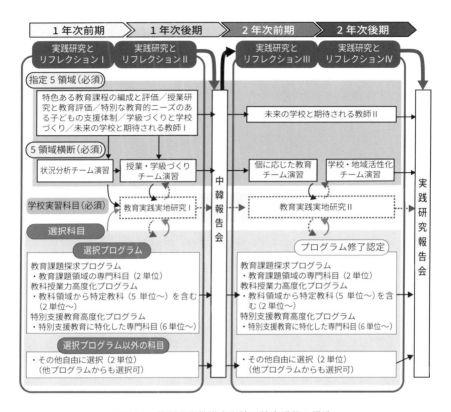

図 17-1　信州大学教職大学院の教育課程の構造

表 17-1　本専攻が開設するプログラム別の選択科目（2023 年度開設）

教育課題探究プログラム	教科授業力高度化プログラム	特別支援教育高度化プログラム
・学校マネジメント	・教科横断教育研究論	・知的障害児の理解と支援
・校内研究の企画・運営	・教科横断内容研究基礎	・肢体不自由児の理解と支援
・通常学級における特別支援教育	・教育調査方法基礎	・病弱児の理解と支援
	※上記 3 科目は必履修	・発達障害児の理解と支援
・へき地・小規模校における教育実践		・情緒障害・行動問題の理解と支援
・学校における ICT 活用	・○○科授業内容研究	
・海外学校臨床実習	・○○科教材開発演習	・特別なニーズのある子どもの自立活動
・教育課題特別演習 I	・○○科授業分析演習	
・教育課題特別演習 II	・○○科指導案構築演習	・特別なニーズのある子どもの教科研究
	・○○科授業方法研究	

・学校における学習の心理過程 ・学校における防災教育 ・学校における体験活動 ・学校における多文化教育 ・持続可能な社会づくりと教育 ・学校教育と市民性 ・学校における異文化間コミュニケーション教育・多様性対応教育 ・教育課題教材開発演習 ・更新し続ける教育観	※10教科から1教科5科目を必履修：国語，社会，算数・数学，理科，音楽，図画工作・美術，保健体育，ものづくり，家庭科，英語 ・健康環境授業内容研究 ・芸術鑑賞授業内容研究 ・芸術鑑賞教材開発演習 ・STEM授業内容研究 ・STEM教材開発演習 ・教科課題特別研究Ⅰ ・教科課題特別研究Ⅱ	・特別なニーズのある子どもの心理学 ・特別支援教育コーディネーターの役割と支援 ・通常学級における特別支援教育 ・特別支援教育教材開発研究 ・特別支援教育課題特別研究Ⅰ ・特別支援教育課題特別研究Ⅱ

Section 4 信州大学教職大学院修了生が取り組んだ実践研究のテーマ

　学部卒院生を中心とする教職基盤形成コースの2021年度修了生は，表17-2のような実践研究に取り組んでいました。また，表17-3は，現職教員が在籍する高度教職開発コース修了生が取り組んだ実践研究です。このように，学部卒院生と現職教員院生とを比べると，高度教職開発コースに在籍する現職教員院生が取り組むテーマには，スクールリーダーとして学校現場での問題解決に直結するテーマが多くみられます。

　この他の実践研究については，信州大学機関リポジトリで，「信州大学大学院教育学研究科高度教職実践専攻（教職大学院）実践研究報告書抄録集」として公開されています。

表17-2　2021年度教職基盤形成コース修了生の「実践研究報告書」テーマ

教育課題探究プログラム

・「対話的な学び」の一考察―多声性に着目して―
・一人一台端末の活用に向けた教員研修モデルの開発と実践
・子どもの個性が生きる授業づくり―児童理解を基にした構造的・相対的授業構想を手がかりに―
・子どもの主体的な姿の要因―活動に自らの判断で取り組む様になったK児の姿から―
・子どもの「やりたい」を実現する授業づくり―子どもとつくるカリキュラムを手がかりに―
・子どもが夢中になれる授業を作る教師の手立ての検討―哲学対話におけるフローを手掛かりに―
・総合的な探究の時間における生徒の経験―SCATによる分析を通じて―
・子ども主体の学びにおける教師の主体性

教科授業力高度化プログラム

・中学校音楽科における表現の多様性を知覚・感受し学び取っていく授業のあり方
・言語能力の向上を意識した国語科と外国語科の連携の授業づくり―言語能力の「思考力・判断力・表現力等」の育成を目指して―
・中学校音楽科鑑賞領域における感受に基づく批評のあり方
・「できる」と「わかる」がつながる体育の授業づくりに関する考察
・「伝統的な言語文化の学習」における VR 教材の活用可能性―「扇の的」の授業実践を通して―
・小学校低学年における防災教育の内容検討

特別支援教育高度化プログラム

・知的障害を伴う ASD のある子どもに対する簡易アセスメントに基づいたコミュニケーションと社会性領域に関する指導の工夫

表 17-3　2021 年度高度教職開発コースの「実践研究報告書」テーマ

教育課題探究プログラム

・教職員の強みを活かしたメンタリングの実践研究―ストレングス・ファインダーを活用して―
・学びの場として機能するスクール・コミュニティの検討―大人の学びからはじまる子供とのつながり―
・地域の人との関わりの中で深めていく子どもの学び―地域連携の意味を問い直す―
・地域の人々と関わり，豊かな学び手を育む総合的な学習の時間―浅間温泉の活性化を目指した生徒たちの姿を通して―

教科授業力高度化プログラム

・子ども一人一人が運動の本質的なおもしろさに触れ，主体的に学ぶ授業づくり
・ICT 活用の促進による教師と生徒の変容
・中学校の各教科の時間における低・中統合度 STEM の効果の検証
・生徒が自ら技術の見方・考え方を深めていく授業づくり
・事象を数理的に捉え考察する力を育成するための算数授業の在り方
・「賢く学ぶ力」を高めるための保健体育の授業づくり―「汎用性のある知識」に着目して―
・子どもが算数のよさを実感するための教師の役割―小学校低学年での授業実践を通して―
・子どもの"わかり"が深まる理科学習―材・子ども・教師の対話を視点にして―
・子どもが活動そのものに浸り込む小学校技術科の授業のあり方
・「考えの形成」の資質・能力を育成するための国語科単元学習の在り方―文学的な文章の学習における「単元の学習問題」に焦点を当てて―

特別支援教育高度化プログラム

・連続性のある多様な学びの場として機能するため LD 等通級指導教室の役割はどうあるべきか
・自閉スペクトラム症の児童へのネガティヴな感情の表現を促すコミュニケーション指導の追究―不適応行動に代わる表現手段の獲得を目指して―

（谷塚光典）

考えて
みよう

①もし学部生のときに教職大学院の授業科目を先取り履修するとしたら，どんな科目を履修してみたいでしょうか。教職大学院のシラバスを見てみましょう。

②教職大学院生は，どのようなテーマを設定して実践研究に取り組んでいるでしょうか。信州大学や他大学の教職大学院生の実践研究成果報告を見てみましょう。卒業論文のテーマの参考になるかもしれません。

❓ さらに深めるには

●日本教職大学院協会 Web サイト　https://www.kyoshoku.jp/

　現在開設されている日本の教職大学院に関する情報のサイト。各教職大学院の紹介やイベント案内，特徴的な取り組み，日本教職大学院協会研究大会での実践研究成果発表やポスターセッションの記録等が掲載されています。教職大学院進学を考えている人は，実践研究報告会やフォーラムに参加するとよいでしょう。最近はオンライン開催も増えています。

●信州大学学術情報オンラインシステム「SOAR」機関リポジトリに掲載されている「実践研究報告書抄録」　https://www.shinshu-u.ac.jp/soar/

　「教育学部，大学院教育学研究科」→「紀要・刊行物」から「信州大学大学院教育学研究科高度教職実践専攻（教職大学院）実践研究報告書抄録集」を選ぶと，信州大学教職大学院修了生がまとめた実践研究報告書の要旨を閲覧できます。教職大学院でどのような実践研究が行われてきたのかを知ることができます。

Chapter 18

着任前と着任後に学ぶこと

Section 1 着任前に学ぶ「備えあれば，憂い半分」

1 赴任校調べと黄金の3日間構想

「○○さんですね。△△学校校長の××です。はじめまして」。

学部4年生の1月下旬，赴任先の校長先生から突然運命の電話がかかってきます。赴任校がわかると，学生のみなさんは4月からの新しい世界への期待が高まるとともに，新人教師として務まるかどうかという不安で，緊張感もマックスになります。

では，着任までの数か月，いったい何をどのように準備すればよいのでしょうか。先輩たちの動向を探ってみましょう。

まず，諸先輩方ははじめにWebサイトで学校の様子を調べます。場所はどこにあるのか，学校教育目標は何か，どのくらいの規模の学校か，どのような行事があるか等々，Webサイトを見れば赴任校の概観がつかめます。校長室だよりとか学校通信などの定期的な刊行物もしっかり読んでおきましょう。学校の空気感・雰囲気が読み取れます。

次にほとんどの学生は着任前の打ち合わせと称して，実際の学校に召集されます。校長先生や教頭先生と会話をしながら，そこで多くの心得や情報を得ることができます。学校によってはどの学年を想定しているかなどを匂わせてくれるところもあり，イメージがだいぶ固まります。そしてその帰り，学区をじっくり見てまわりましょう。そのなかで，どのような町（村）なのか，そこに住む人々の様子はどうなのか，学校を含む地域全体の営みを肌で感じましょう。引っ越しをするのであればなおさら「まち探検」は必要です。

先生の正体は…いったい！

名前

◎はじめまして4年生のみなさん！わたしはみなさんの担任になりました「○○○」です！1年間よろしくおねがいします！
　さてみなさんにわたしのことを知ってもらうためにクイズをおこないます！　みなさんの予想がどれくらい当たるかな…

○先生の正体をさぐろう！　○× ゲーム！

	予想	正解
①身長は 180cm より大きい！	（　　　）	（　　　）
②海外に住んでいたことがある！	（　　　）	（　　　）
③プロのサッカーせん手だった時がある！	（　　　）	（　　　）
④前の学校の4年生は1クラス10人より少なかった！	（　　　）	（　　　）
⑤50m 走のタイムが6秒！	（　　　）	（　　　）
⑥としは30さいより上だ！	（　　　）	（　　　）

ここからはみんなの○× もかいてみよう！

	先生	自分
⑦学校まで20分かかっていた！	（　　　）	（　　　）
⑧テレビの「世界の果てまでイッテQ！」がすき！	（　　　）	（　　　）
⑨ドラえもんの道具で一番ほしいものは「タイムマシーン」	（　　　）	（　　　）
⑩くだもので一番すきなものは「いちご」だ！	（　　　）	（　　　）
⑪ホラー（こわいテレビ・こわい話）がすき！	（　　　）	（　　　）

☆「4年生でこんなことをしてみたい」や「先生に知ってほしい」「聞いてほしい」相談を書こう。

図 18-1　自己紹介カード（千葉大学附属小学校　青木大和教諭提供）

令和○年度　４月１日からの主な流れ（○○中学校）		
1	日	お休み
2	月	着任　着任教職員を校長室または会議室で応対（ここまではお客様） 8：30 着任教職員紹介（自己紹介★）→職員室席移動（ここから職員）→職員会議→校内オリエンテーション （校舎案内・駐車場・ロッカー・鍵等）　新採は辞令交付
3	火	職員会議　分掌引き継ぎ　学年会★　教科部会★　職場会
4	水	職員会議　分掌引き継ぎ　学年会
5	木	学年会　始業式準備
6	金	着任式★　始業式（学級担任発表）　担任初挨拶★　入学式準備　教科書配布　職員歓迎会★
7	土	
8	日	
9	月	入学式★（入学生担任になった場合呼名あり）　生徒指導連絡会
10	火	全校集会　学年特別日課★
11	水	給食開始　新入生給食説明会
12	木	児童生徒会入会式
13	金	健康診断
14	土	
15	日	
16	月	授業開始
17	火	授業開始
18	水	授業開始
19	木	授業開始
20	金	授業開始
21	土	授業参観・保護者会★　PTA 総会
22	日	
23	月	代休
24	火	防災練習
25	水	
26	木	平常授業
27	金	平常授業
28	土	ゴールデンウィーク
29	日	ゴールデンウィーク
30	月	ゴールデンウィーク

4月9日

1. 第 45 回入学式 10:00
2. 保護者会役員選出
3. 企画委員会 15:00

学活	8:10-8:20
清掃	8:25-8:35
学級	8:40-9:15
入場	9:20-9:30
入学式	10:00-11:00
学活	11:20-11:35
完全下校	11:45
部再登校	14:00
再完全下校	17:00

3 学年そろいました。新たな出会いに感謝し，新たな学校をつくっていきましょう！

図 18-2　ある中学校の 4 月予定と入学式当日の時程

学校訪問で所属学年がわかったら，児童生徒に対して，どのように「はじめの挨拶」をするか，学級開きをどのように行うか，シミュレーションするとよいでしょう。5章でも述べたように，児童生徒の成長には「授業力」と「学級経営力」の両輪が揃ってはじめて前に進みます。とりわけ，年度当初は学級経営に重きがかかり，学級開きから3日間は「黄金の3日間」と言われるほど，学級づくりに重要な時期となります。じっくりアイディアを練りましょう。ある先輩は学級開きの初日，自己紹介のときに，図18-1のような自己紹介クイズをもちいて，がっちり児童の心をつかんだそうです。

② 授業参観と保護者会シミュレーション

　着任と同時に，歯車がものすごい勢いで一気に回りだします。図18-2はある中学校の年度はじめの予定と入学式の日報です。どのように動くのか，頭のなかで流れを追ってみるとよいでしょう（★は挨拶）。

　とりわけ4月の中旬から下旬頃に行われる授業参観・保護者会は新人が最も緊張する場面でもあります。参観授業は研究授業とちょっと違う一面があります。すなわち，保護者はわが子の学級での様子を観にくるのであり，新しい学級の様子を観にくるのであり，新しい担任の人となりを観にくるのです。したがって「明るく」「はきはきした大きな声で」「子どもの活動」を多く取り入れた授業を展開していくとよいでしょう。臆することなく，元気に若さを発揮してください。また，保護者会では，「さわやか」「清潔」「熱心」に，司会をPTA（学級保護者会）前役員か誰かにお願いし，全員に一言ずつ言ってもらうと和やかになります。「今度の新しい先生，私たち保護者も見守ってあげま

図18-3　生徒の活動が多い参観授業

図18-4　保護者会シミュレーション

しょう」。保護者会の帰り道，こんな会話が出るといいですね。

着任後に学ぶ心得

1 がんばれ3理論

着任してしばらくの間，多忙によって余裕はなくなります。

「小1プロブレム」「中1ギャップ」が問題になっていますが，大学からストレートで教職に就いた教師もまた，社会人としてのあり方や生活パターンの変容，教師という特殊性の戸惑いのため，激しいストレスに追い込まれることがあります。筆者はこの状況を「強shock」（キョーショク）と命名していますが，多くの先輩方が「強shock」状態に見舞われ，自分の存在意義（レゾンデートル）を見失い，疲労が蓄積していきます。

「がんばれ3理論」というメンタルケアがあります。少し後ろ向きな理論ですが，励ましのために紹介します。「3」頑張れば次が見えてくる，という理論です。

①出勤したら「3時間」頑張りましょう。そうすれば給食が見えてきます。今日の給食は何だろう，楽しみが湧き活力が生まれます。②月曜日から「3日」頑張りましょう。そうすればもう木曜日。楽しみな土・日曜日まであと少しです。③着任から「3週間」頑張りましょう。疲労もピークにきていると思いますが，ゴールデンウィークが目の前です。この連休でドタバタだった私生活を整えましょう。④着任から「3か月」頑張りましょう。あと少しで夏休み。これだけの長期休業のある職場はめったにありません。心身ともにリフレッシュしましょう。着任から「3年」頑張りましょう。はじめての異動です。この頃になると，後輩も増え，先輩教員としてアドバイスする側にもなり，一人前としての自覚も生まれます。⑤着任から「33年間」頑張りましょう。定年退職まで残り10年。後進の育成を図るとともに，学校組織マネジメントにおいて貢献力を発揮し，充実した教職員人生を送ることができます。

2 well-being を追求できる教師

上記の「がんばれ3理論」は，要するにガチガチの真面目一辺倒ではなく，

少し肩の力を抜いて，可能なかぎりどこか心の片隅に余裕をもちましょう，ということです。それが自身の幸せにつながっていくのです。

では，着任後に学ぶべき「幸せ」の追求について少し説明しましょう。

人のあらゆる営みは幸せにつながっています。人はどのようなときが幸せなのでしょうか。それは他人と比べるものではなく，その人が「自分は幸せだ」と思えば幸せなのです（主観的幸福感）。たとえ，失敗が続いても，思ったとおりうまくいかなくても，幸せと感じたら幸せなのです。したがって学級経営でも児童生徒に主観的幸福感をもってもらうことが肝要です。

近年，well-being（幸福度・健やかさ・満足度）が一般化してきました。OECD の「生徒の学習到達度調査（PISA2015）」（国立教育政策研究所，2017）に well-being 項目が入ったあたりから，教育界にも波及してきています。人がより良く生きるためにこそ教育を充実させるべきで，学校の最上位の目標を「子ども・教職員の well-being」に置くことが大切なのです。

懸念されることは，教師はみな，たいへん真面目で，「子どものために」を信条として，自分の犠牲のうえで成立することをよしとする傾向があることです。教師の謙虚さのゆえか，どうも自分が幸せになるなら，児童生徒に幸せになってほしいといった空気があるように感じてしまいます。しかし，幸せは伝播するのです。教師自ら幸せを追求することが子どもにも伝わるのです。担任自ら幸福を追求していいのです。仕事も私生活も大いに幸せを追求してください。「幸せの率先垂範」です。「先生は子どもより先に生きているから先生」なんかじゃありません。「子どもより先に生き生きしているから先生」なのです。

図 18-5　幸せのメカニズム（前野，2019 をもとに筆者作成）

なお，幸せのメカニズムについて慶応義塾大学の前野隆司先生は「言葉の中に答えがある」として，「幸せ」は「し（するの未然形＝やりがい）＋あわせ（あわせるの未然形＝つながり）」，つまり「やりがい」と「つながり」によって構成されると述べています（前野，2019）。すなわち，幸せは「貢献力」に依拠すると考えられます（図18-5）。

③ 援助要請と DX 貢献力

　新たな年度がはじまり，新たな教職員の顔ぶれが揃います。本来ならば，職務とは別に，歓迎会などほっとひとときの場を介して，教職員どうし，ぐーんと近づき親しくなっていくのが常でした。確かに「飲みユニケーション」は人と人との潤滑油の役割を担ってくれました。

　しかし，私たちは，このような会が開催されないことに，少しずつ慣れてきています。同僚性に反した「個業」の広がりは，このような時代の影響があるからでしょうか。

　大学院で拠点校の同僚性構築研究にあたり，「個業」を詳しく分析した院生がいました。いま，学校は久しく多忙化が叫ばれ，ゆとりが減少し，コミュニケーションの希薄化から，連携・協働が難しくなっているということです。そのため個人解決を強いられ，「個業」化がみられます。この「個業」を細分化すると（図18-6），「個業」にもいろいろな意味合いがあり，さらに新たな課題が見えてきます。

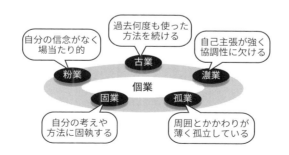

図18-6　個業の分析：個業を感じる教職員（清水貴夫作成）

相談ができる初任者研修は，同じ境遇を経験している仲間たちとともに過ごせる心落ち着く研修会です。同期という仲間であり，気軽に情報交換ができるので楽しみにしている人も結構います。そもそもみなさんは，横関係の同年齢集団で長らく学校時代を過ごしてきました。初任者研修はおそらく最後の横関係集団です。

　社会人になってはじめて縦関係の異年齢集団のなかに立つことになります。この未知の世界のなかで，自分の学校での個業克服，チーム学校に向けた学校組織マネジメントを意識していきましょう。それは同僚が互いに支え合い，成長し高め合っていく協働関係の構築です。複雑化する教育課題にはベテラン教師でも一個人ではなかなか対処が難しいものです。だから若い教師が壁にぶつかっても仕方はないのです。「心が折れそう」「逆境に負けそう」と大きなストレスに対して大事なことは，一人で問題を抱えないことです。同僚の教師や管理職に遠慮なく「ヘルプ要請」「援助要請」してください。援助要請は自分の強みや良い面を認識し，貢献できるとことは少しでも貢献することで出しやすくなります。

　みなさんの貢献できるエリアはたとえばDX（デジタル・トランスフォーメーション）です。DXとは，デジタル技術が普及し，日常生活やビジネスが変革されていくことです。この変革は教育の世界にも波及しています。コロナ禍によって，学校現場ではGIGAスクール構想が急ピッチで進展しています。さらに，学習指導要領では情報活用能力を「学習の基盤となる資質・能力」として教科横断的に育成するとされており，DXの嵐は加速していきます。

　そもそもみなさんの世代は，生まれたときから何らかのデジタル技術に触れており，能力に長けています。おりしも大学の授業の指針を表す「教職コアカリキュラム」が2021年8月に改訂され，「情報通信技術を活用した教育の理論及び方法」が必修となりました。若手教師はみな，ICTトレーニングを受けて学校現場に赴いているのです。学級経営や授業はまだまだ未熟でもICTスキルに関しては，ベテラン級なのです。そして学校現場は想像以上にデジタル化が遅れています。

　たとえば，5章（p.50）に登場したA先生は，「援助要請」ばかりで肩身の狭い思いをしていましたが，他方でICTにめっぽう強く，だいたいのことは

図18-7　全方位貢献力サイクル：各世代での貢献力

こなせます。校長先生にこのICT能力を見込まれて，デジタル技術を活用した授業開発や校務のデジタル化による雑用の効率化をサポートする「学校DXチーム」の一員となり，活路を見いだしました。

　また，卒業研究にドローンを使った教材開発◆1に取り組んだG先生は，その作品を，赴任先の同じ学年の教師に提供し喜ばれています。

　子ども一人一人に個性があるように，学校にも多くの個性ある教師が存在してよく，それぞれが持ち味を出して，その総体としての存在があればいいのです（図18-7）。自分の持ち味で貢献していく，これが遠慮なく「援助要請」につながるのです。

（青木　一）

◆1　ドローンを使った教材①：YouTube（https://youtu.be/akjFL9iZUb0）「大造じいさんとガン・残雪視点」（1分18秒）　和田真慧教諭（長野県諏訪市立城南小学校）提供：小学校5年生国語教材「大造じいさんとガン」（光村図書出版）の残雪が飛び立つラストシーンを，ドローンを使って残雪視点で撮影しました。残雪がどのような気持ちで飛び立っていったのか，大造じいさんにどのような気持ちを抱いたのかを考え，対話できる教材となっています。

　ドローンを使った教材②：YouTube（https://youtu.be/WQdpWvw-eI8）「葉っぱのフレディ—いのちの旅—」（童話屋）（1分22秒）　和田真慧教諭（長野県諏訪市立城南小学校）提供：絵本「葉っぱのフレディ—いのちの旅—」の秋のシーン（pp. 22-25）です。この本を小中学校の道徳科の教材として，ドローンからの映像を使って視聴覚教材化しました。フレディはダニエルの言葉をどのように受け取ったのか，「死」や「生きる意味」についてフレディの視点を通して考えることができます。

考えて
みよう

図 18-2 の★マークのように，年度当初は挨拶の嵐が吹きます。次の
人たちに向けて着任時の挨拶をどのようにするか，シミュレーション
しましょう。
　　①同僚の教職員　　　②クラスの児童生徒　　　③保護者

(?) さらに深めるには

●諸富祥彦編著（2009）『エンカウンターで学級づくり スタートダッシュ！小学
校編』 図書文化
●諸富祥彦編著（2009）『エンカウンターで学級づくりスタートダッシュ！中学校
編』 図書文化
　年度はじめの学級活動・授業・日常指導で，担任と子どもたち，子どもたち
どうしの人間関係づくりについて事例を紹介しています。